# 从分析框架看财务职能

## 掌握财务发展方向主动权

［英］英格兰及威尔士特许会计师协会财务管理专业技术委员会　著

上海国家会计学院全国会计领军（后备）人才培养项目
（行政事业类）一期赴英国培训团　译

中国财政经济出版社

**图书在版编目（CIP）数据**

从分析框架看财务职能：掌握财务发展方向主动权／英格兰及威尔士特许会计师协会财务管理专业技术委员会著；上海国家会计学院全国会计领军（后备）人才培养项目（行政事业类）一期赴英国培训团译．—北京：中国财政经济出版社，2013.11

ISBN 978－7－5095－4906－3

Ⅰ.①从…　Ⅱ.①英…　②上…　Ⅲ.①财务管理　Ⅳ.①F275

中国版本图书馆 CIP 数据核字（2013）第 261552 号

责任编辑：蔡丽兰　孙　腾　　责任校对：胡永立

封面设计：陈　瑶　　版式设计：录文通

中国财政经济出版社 出版

**URL**：http：//www.cfeph.cn

E－mail：cfeph@cfeph.cn



社址：北京市海淀区阜成路甲 28 号　邮政编码：100142

营销中心电话：88190406　北京财经书店电话：64033436　84041336

北京中兴印刷有限公司印刷　各地新华书店经销

880×1230 毫米　16 开　7 印张　160 000 字

2013 年 11 月第 1 版　2013 年 11 月北京第 1 次印刷

定价：18.00 元

ISBN 978－7－5095－4906－3/F·3975

（图书出现印装问题，本社负责调换）

本社质量投诉电话：88190744

反盗版举报热线：88190492、88190446

本项目由上海国家会计学院

资助出版

# 翻译组主要成员

**主　　译：** 崔华清　于　梅

**审　　核：** 崔华清　于　梅

**核　　校：** 王　欣　蔡丽兰

**翻译人员：** 第一部分：　　　严　励　陈险峰　邹　峰

第二部分：　　　郑琳芳　龙素英　林　胜

第三、第四部分：黄江涛　李晓菊　任红梅

第五、第六部分：赵　婷　吴士勇　王　宁

附录A：　　　　李世哲　梁　慧

附录B及参考书目：谷剑峰　石　坤　杨国瑞

《从分析框架看财务职能》是英格兰及威尔士特许会计师协会（以下简称ICAEW）财务管理专业技术委员会倡导的“思想领导力计划”所属《掌握财务发展方向主动权》的一部分。

如何创建高效的财务职能是财务管理组织和财务专业人士关注的重点。本报告构建了思考财务职能所涉及关键挑战的基础，并为分析和研究财务职能的作用提供了参考资料。

ICAEW财务管理专业技术委员会为会员提供最新的商业理念、管理工具以及客观独立的信息资源，并帮助会员成为其所在管理团队中的重要成员。所有对财务管理感兴趣的财务专业人士均有机会成为本委员会的会员。更多信息详见icaew. com/fmfac。

如有任何疑问或宝贵建议，欢迎发送邮件至rick. payne@icaew. com与我们联系。

本报告的补充文档及其他相关研究信息可在icaew. com/finance-direction直接下载。

欢迎分享本报告的内容。如您在发表的文献中引用本报告内容，请注明完整的出处。

对于本报告可能引起的任何个人行为，ICAEW及本报告作者概不负责。

# 致　谢

报告的主要作者是菲利普·史密斯博士和里克·佩恩博士。

英格兰及威尔士特许会计师协会感谢艾玛·布雷杰、罗伯特·霍金森、克里斯·杰克逊、艾玛·里德尔、丽迪·斯坦、尼克·托亚斯、费克维·韦斯特，同时感谢以下人士在个人能力范围内为本报告提供了有用的资料，它们是：彼得·艾伦、卡洛琳·布莱斯、海伦·杰森、安迪·尼利、阿德里安·莱恩、罗伯特·斯卡彭斯。

英格兰及威尔士特许会计师协会财务管理专业技术委员会成员。

伦敦经济学院在2010年召开的管理会计研究会议的参加者。

根特大学在2010年召开第10届制造会计研究会议的参加者。

不应认定评论者同意本报告的观点，它们不对任何错误或遗漏承担责任。

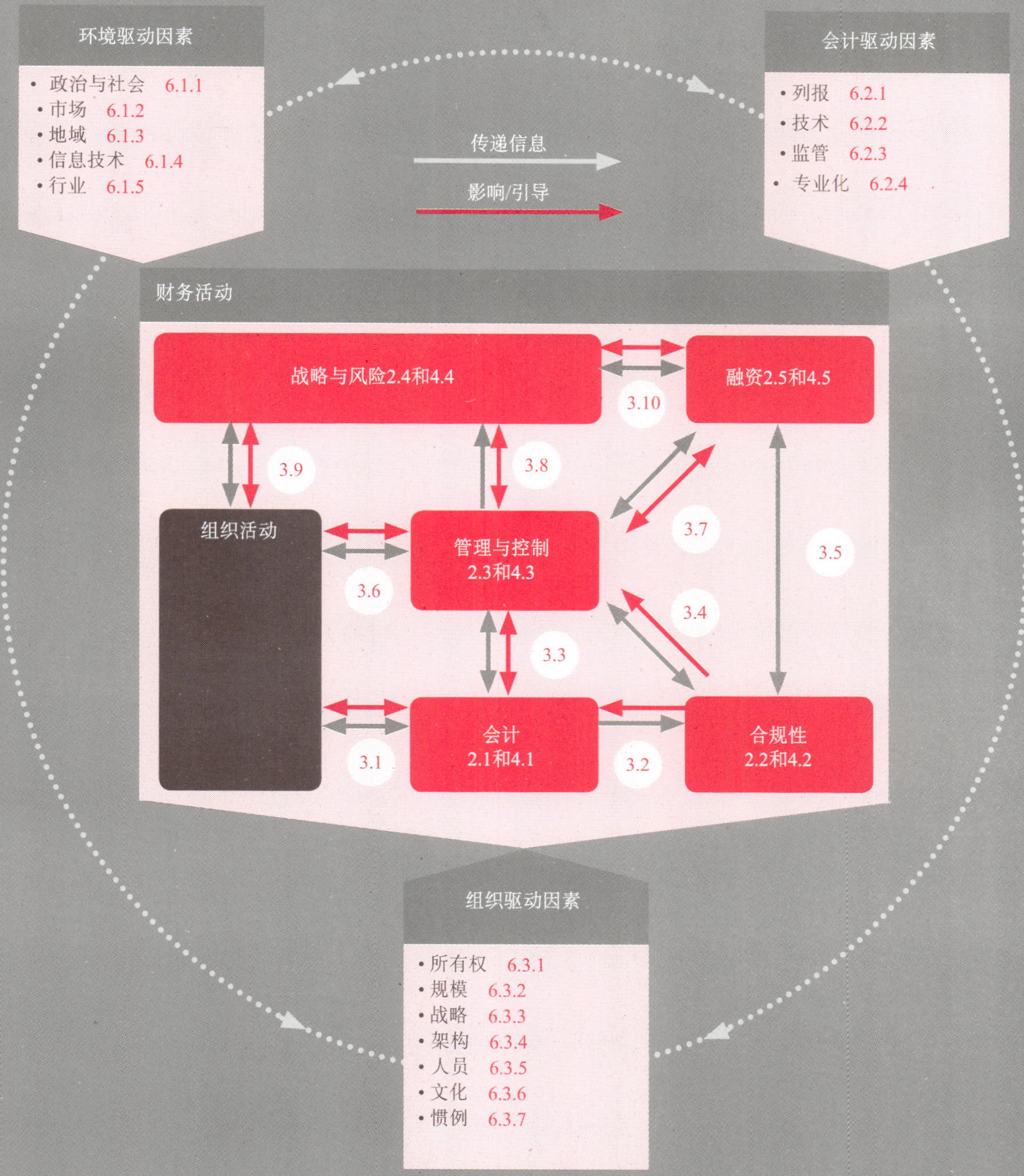
环境驱动因素
• 政治与社会 6.1.1
• 市场 6.1.2
• 地域 6.1.3
• 信息技术 6.1.4
• 行业 6.1.5
会计驱动因素
• 列报 6.2.1
• 技术 6.2.2
• 监管 6.2.3
• 专业化 6.2.4
传递信息
影响/引导
财务活动
战略与风险2.4和4.4
融资2.5和4.5
3.10
3.9
3.8
组织活动
管理与控制
2.3和4.3
3.7
3.5
3.6
3.4
3.3
会计
2.1和4.1
合规性
2.2和4.2
3.1
3.2
组织驱动因素
• 所有权 6.3.1
• 规模 6.3.2
• 战略 6.3.3
• 架构 6.3.4
• 人员 6.3.5
• 文化 6.3.6
• 惯例 6.3.7

图1-1 财务职能框架

# 从分析框架看财务职能

## 掌握财务发展方向主动权

# 目　录

**1. 概述**

1.1　引言 2
1.2　框架的用途 2
1.3　框架 2
1.4　报告的结构 3
1.5　财务活动 3
1.5.1　目的 3
1.5.2　财务活动间的相互作用 4
1.5.3　信息内容 4
1.5.4　财务活动的运行活力 4
1.5.5　内在张力和挑战：产生原因 5
1.5.6　内在张力和挑战：总结 5
1.6　财务部门的作用 6
1.6.1　财务部门的职责 6
1.6.2　极具重要性的财务活动 6
1.6.3　财务部门的时间分配 7
1.6.4　财务部门的适应性 7
1.7　影响财务活动实施的驱动因素 7
1.7.1　环境驱动因素 8
1.7.2　会计环境驱动因素 8
1.7.3　组织驱动因素 8
1.8　实践指南 9
1.8.1　定期回顾重点 9
1.8.2　谨慎购买“最佳做法” 9
1.8.3　在计划性与适应性之间进行权衡 10
1.8.4　务实一些：财务部门不是万能的 10
1.8.5　正确面对不可回避的对个人道德和适应能力进行的考验 11
1.9　后续工作 11
1.9.1　参加富有建设性意义的讨论 12
1.9.2　组织相关知识 12
1.9.3　进一步深化框架 12
1.9.4　致力于进一步的研究 12
1.10　效益 14

**2. 财务活动的本质与内容** 16

2.1　会计 16
2.1.1　交易处理 17

2.1.2 会计与报告 17
2.1.3 财务控制 17
2.2 合规性 17
2.2.1 规章 19
2.2.2 税收 19
2.3 管理与控制 19
2.3.1 处理 22
2.3.2 应用 23
2.3.3 内部审计 23
2.3.4 管理会计 23
2.4 战略与风险 23
2.4.1 战略 26
2.4.2 风险管理 26
2.4.3 并购 26
2.5 融资 26
2.5.1 投资者关系 28
2.5.2 债务融资 28
2.6 管理活动和资源获取 28
2.6.1 财务系统 29
2.6.2 人员管理 29
2.6.3 外包业务与共享服务 29
2.7 其他活动 29

**3. 财务活动间的相互作用** 33
3.1 组织活动与会计 33
3.2 会计与合规性 33
3.3 会计与管理控制 34
3.4 合规性与管理控制 34
3.5 合规性与融资 34
3.6 组织活动与管理控制 34
3.7 管理控制与融资 34
3.8 管理控制与战略风险 35
3.9 组织活动与战略风险 35
3.10 战略风险与融资 35

**4. 内在张力与挑战** 37
4.1 会计 37
4.1.1 信息有效性与财务控制 37
4.1.2 财务控制的收益与成本权衡 37
4.1.3 合规性和管理控制所需的不同信息 37
4.2 合规性 38
4.2.1 公共信息与内部报告的差异 38
4.2.2 符合强制性的外部要求 38
4.2.3 报告高利润能吸引投资者但也会增加税务负担 38
4.3 管理与控制 38

4.3.1 营运信息与会计信息间的差异 38
4.3.2 决定选取何种信息作为首要的绩效衡量指标 39
4.3.3 解读分歧 40
4.3.4 确保经营管理者了解计划和目标 40
4.3.5 博弈 40
4.4 战略与风险 40
4.4.1 财务定位与非财务定位 40
4.4.2 长期与短期 40
4.4.3 参与度与客观性 41
4.4.4 融资可获取性与战略需求之间的失调 41
4.5 融资 41
4.5.1 信息的内在性与一致性 41
4.5.2 不确定性带来的压力 41
4.5.3 注资人条款与借贷契约的变动 41
4.5.4 投资者、注资人和管理者之间的利益冲突 42
4.6 资源活动：关键挑战 42
4.7 其他活动：关键挑战 42

**5. 财务部门的作用** 43
5.1 财务部门的职责 44
5.2 极具重要性的财务活动 45
5.3 财务活动所需时间 45
5.4 解读结果 46
5.5 如何实施因人而异的财务活动 46

**6. 影响财务活动实施的驱动因素** 47
6.1 影响财务职能的环境驱动因素 47
6.1.1 政治与社会 47
6.1.2 市场 48
6.1.3 地域 48
6.1.4 信息技术 48
6.1.5 行业 49
6.2 会计环境驱动因素 49
6.2.1 会计列报 49
6.2.2 管理与控制技术 50
6.2.3 规章 50
6.2.4 会计专业化 51
6.3 组织驱动因素 51
6.3.1 所有权 51
6.3.2 规模 52
6.3.3 战略 52
6.3.4 组织结构 52
6.3.5 人员 53
6.3.6 文化 53
6.3.7 惯例 53

**附录 A：关于驱动因素的支撑证据** 55
**附录 B：调查结果的发展** 79
B. 1 概述 79
B. 2 文献综述 79
B. 3 发展建议 79
B. 4 磋商 80
B. 5 局限 80

**参考书目** 81

# 1. 概述

在本部分，我们将总结财务活动框架和影响财务活动实施的驱动因素（见图1-1）。同时也将总结本框架发展过程中产生的相关问题及其对实践的指导意义。

# 1. 概述

## 1.1 引言

商业合作伙伴关系、商业情报、标杆管理、业务外包和人才管理等，都是有效推进财务职能发展的解决方案，但有时候采用这些方案却收效欠佳。我们认为，只有细致分析财务职能及其独特的运行环境，才能保证在选取最佳行动方案时成竹在胸。我们在本报告中提出的框架将有助于管理者开展这一分析。

图 1－1 列示了财务活动框架和影响财务活动实施的驱动因素（以下简称"框架"）。本报告第 1 部分对框架进行了概述和讨论，并提出可供参考的实践指南和部分后续工作建议。对更多细节及论证有兴趣的读者可查阅第 2 至第 6 部分，这些章节详细展开了第 1 部分的内容。

本报告基于与资深财务专业人士的研讨，广泛回顾了相关文献，同时结合了笔者的自身经验而著成。

我们希望籍此帮助所有财务人员和财务顾问履行自身职责、铸就组织成功。要实现这一目的，全面理解财务职能及其运作环境至关重要。理解了这一点，有助于管理者在构建高效运行的财务部门时作出合理预期和适时调整。与此同时，我们也要实事求是地看待财务部门对于组织运行所作贡献的局限性，要认识到财务活动完全可以在财务部门之外顺利开展。此外，本报告高度关注财务活动与财务人员所面临的内在张力和挑战之间的关系。理解财务职能是一个循序渐进的过程，本报告提出的框架将有助于我们更透彻地理解财务职能。

## 1.2 框架的用途

"框架"是对一系列错综复杂内部关系的概括，所涉及的这些关系本质上都会随着时间和环境的变迁而演变。因此，这与我们曾经有过的关于财务职能及其对组织作出成功贡献的权威性理解是很不相同的。为此，本报告旨在向您提供适应时代发展的实用工具和参考资料，我们列出了对照清单和指导条目，以保证管理者在决策中能综合考虑相关活动、问题和环境要素，创建行之有效的财务职能。在此基础上，管理者及其顾问能就具体问题具体分析，找出适合其独特环境的定制解决方案。此外，本框架也可用于评判他人建议的合理程度。

本框架的其他用途包括：

- 横向对比各项财务职能。
- 从不同角度分析财务职能。
- 整合关于财务职能的已有知识，使之易于获得并被应用。
- 引发建设性讨论，深化对财务职能的理解，为进一步研究奠定基础。

我们由衷地希望，应用和发展本框架能够提供一种通用语言，并形成用来讨论财务职能和财务部门的广泛深入的议题。

ICAEW 希望不断发展完善本框架，并得到您的意见和反馈①。

## 1.3 框架

图 1－1 中央红色小框内的五个相互关联的活动构成了一个组织中的财务职能。作为连接这些活动的纽带，它们都与财务信息和相关阐释性非财务信息的生成、流动、解读、沟通及利用相关。

对“财务职能”一词可做两种理解。一种理解是指一系列的财务活动，也就是本报告所指的含义；另一种理解是指对财务活动负责并专门从事财务活动的一群人。在本报告中，我们使用“财务部门”来指代后面一种含义。

框架中的外围圆圈强调的是影响财务活动实施的内在关联的驱动因素，即谁发挥作用、发挥什么作用、如何发挥作用。虽然所有组织均需要开展认定的财务活动并使之有效运转，但是，驱动因素意味着在特殊组织中开展这些工作是因人而异的。有证据表明，这些活动通常由财务部门来实施，但并不等于总是如此。

## 1.4 报告的结构

本报告的第 1 部分对框架进行概述，简要描述了财务活动的内容和各项财务活动之间的相互作用，总结了财务活动产生的内在张力和挑战及其相互关系。然后，概述了影响财务活动实施的驱动因素。在此基础上，我们还为追求高效财务职能的读者特别提出了一些可供借鉴的实践指南。第 1 部分得出了进一步发展框架的部分建议。

本报告的第 2 部分至第 6 部分更详尽地阐释了每个元素，您可参照图 1－1 中的小节编号找到对应内容。

- 第 2 部分——阐述各项财务活动的内容，列出了用于分析财务活动发展轨迹的调查图表。
- 第 3 部分——深层解读各项财务活动间的相互作用（红黑箭头）。
- 第 4 部分——深入探讨了 1.5.6 小节提及的内在张力和挑战。
- 第 5 部分——结合本报告使用的不同调查结果，分析财务部门的作用。
- 第 6 部分——探讨影响财务活动实施的外围框架的各个驱动因素。附录 A 列举的 250 多份报告和论文为这一结论提供支持。

附录 B 描述了本报告的结论是如何进一步拓展的。

## 1.5 财务活动

### 1.5.1 目的

图 1－1 所示财务活动源自对首席财务官和财务部门所从事财务活动进行的 20 份调查问卷的分析和解释。“活动”是指行动、任务或过程。每一项财务活动源自组织活动，它着眼于信息的生成和利用，以实现下述目的：

1. 会计：记录组织行为的财务效果。
2. 合规性：符合政府和其他规章主体的要求。

---

① 发邮件至：rick. payne@ icaew. com.

3. 管理与控制：产生并使用财务信息和相关信息，以揭示、监控和激发运营活动，实现组织的目标。

4. 战略与风险：从财务视角揭示和影响战略的发展和实施，并管理风险。

5. 融资：与已有的和潜在的投资者妥善沟通，为组织获取并保留必须的资金来源。

第 2 部分将详细描述以上活动的更多细节。

如上所述，五种相互关联的财务活动构成了组织的财务职能。图表所示的组织行为与一个组织开展的其他活动一样有效运转。更为重要的是，图表所示的组织行为包括领导力、管理活动和资源获取，这些组织行为对于实施财务活动是必要的（见 2.6）。

### 1.5.2 财务活动间的相互作用

框架列示了各项财务活动间的直接相互影响，主要表现为两种：

- 传递信息：一种财务活动产生的财务信息和补充信息形成的信息流，被另一种活动所使用（图 1－1 中的黑色箭头）。例如，基本的会计信息能够在管理报表的形成过程中被使用。
- 影响和引导：一项活动通过使用信息，能够影响和引导其他的活动及其实施方式（图 1－1 中的红色箭头）。例如，为符合国际财务报告准则（IFRS）而报告合规活动的需求，就意味着它们会影响在总账体系下"会计"① 所作的记录。

框架列示了我们所认为的财务活动之间最主要和持续的相互作用。还有一些相互作用可能也存在，但是仅用于消除非主流作用而存在。更多内容详见第 3 部分。

### 1.5.3 信息内容

从更广泛的意义上讲，信息包括正式信息和非正式信息、书面信息和口头信息。在本报告中，我们认为信息主要包括两大类：

- 财务信息：包括交易事项、会计记录以及与过去和将来组织行为产生财务结果相关的分析信息和总括信息。这些信息既可以是数据，也可以是描述性的，例如试算表、法定报表、现金流量折现。
- 补充信息：提供背景信息和基本认知，以使财务信息与潜在的组织行为相关联。这些补充信息能够解释并评估财务信息的重要性。例如员工记录、管理报表注释。

### 1.5.4 财务活动的运行活力

相互关联的财务活动以一种动态的方式运行着，包括以下重要方面：

- 开放性：所有的财务活动都是开放的，也就是说，它们的执行情况会受到其他活动和驱动因素相互作用的影响，第 6 部分对此进行了讨论。
- 适应性和变更性：给定开放的环境和复杂的驱动因素，财务活动会相应作出调适或变化。
- 持续互动的反馈：如图 1－1 所示，框架内存在着持续的、互动的、往复的信息流动和影响。

---

① 大写（加引号）的词语，即指图 1－1 中特定的活动或驱动因素。

● 多重时间维度：财务活动的时间安排和信息流动取决于组织行为、环境活动、环境标准和组织选择的性质、时间安排。正如不同的周期性一样，过去、目前和未来都是相关的，比如实时、每日、每周、每月或每年。

### 1.5.5 内在张力和挑战：产生原因

财务活动的性质和相互关系产生了一些必须应对的内在张力和挑战。产生这些张力的原因是：

● 财务活动间的信息流动和相互作用导致某一财务活动出现的问题可能传导至其他财务活动。

● 不同的财务活动服务于不同的、有时甚至是相互冲突的目标，各自采用的信息既可能一致，也可能不一致。

● 利益冲突可能会损害财务活动，或导致个人利益凌驾于组织利益之上。

● 财务活动必须要满足有原因的不确定性和有影响的关系。

● 财务活动中采用的不同方案有利有弊，必须作出权衡。

● 财务活动必须在可供利用的有限资源范围内进行实施。

### 1.5.6 内在张力和挑战：总结

表 1－1 概述了我们认定的、在实施财务活动过程中面临的内在张力和挑战，更多细节讨论详见第 4 部分。

**表 1－1　　张力和挑战的总结**

| |
|---|
| **会计** |
| 会计活动生成的财务信息贯穿整个框架，因此，存在的任何问题都表明，贯穿整个组织的信息的正确性都会大打折扣。 |
| 财务控制的成本和收益需要逐项进行慎重权衡。 |
| 合规信息不同于管理控制信息，这种差异导致会计活动难以同时满足两者的要求。 |
| **合规性** |
| 对外公开的信息不同于对内报告的信息。这些差异有时难以解释，同时可能引起人们对两组信息可靠性的质疑。 |
| 合规性的外部需求必须予以满足，这会导致对资源需求的不确定和不可控制。此外，满足这种需求往往花费不菲，其实际意义却十分有限，这会形成“抄近路”压力。 |
| 报告高利润能吸引投资者，但也会增加税务负担。因此，在报告利润水平问题上，管理者面临相互冲突的压力。 |
| **管理与控制** |
| 组织行为直接产生的信息可能不同于管理控制所使用的会计信息。这会导致有关各方对组织业绩进行不同的解读，并会花费更多时间讨论这些差异，而这些解读和讨论有时是建设性的，有时却毫无价值。 |
| 管理和控制包括一般管理和控制、资金管理、投资评估和税务管理（参见 2.3）。这些活动需要不同的信息，其目的有时又是相互冲突的。这使得选择何种信息作为基本的业绩评价标准更为困难。 |
| 计划和现实之间的差异可能很难解释：这是否意味着需要对行为和过程进行调整以实现原定计划，还是需要重新评估原定计划？ |
| 对于财务专家制定的计划，存在着执行者不理解或擅自调整计划的风险。 |
| 管理控制过程就如同赌博。 |

续表

| 战略与风险 |
| --- |
| 清晰的、易于量化的财务目标需要和同等重要的、无形的非财务目标保持平衡。 |
| 近期需求可能与长远战略目标存在冲突。 |
| 财务活动负责人在决策中如果事无巨细过度干预，其决策的客观程度就会大大折扣。 |
| 实现战略目标需要资金，而这可能难以获取。这可能产生夸大成功的可能性和预期盈利的压力。 |
| **融资** |
| 投资者和出资者既能获得公开发布的信息，也可能接触到供内部使用的信息。这两种信息之间的差异可能会使投资者和出资者对组织的信誉产生质疑。 |
| 投资者和出资者希望得到确定的财务业绩远景的信息。这可能导致组织只是轻描淡写地描述财务远景所固有的不确定性。 |
| 注入资金的延续受制于不确定性，而且出资者可能由于其内部政策的变动或对组织预期的财务困难而决定撤资。 |
| 必须控制管理者、权益投资者和债务投资者之间的利益冲突。 |
| **获取资源** |
| 必须管理财务活动，但财务专家可能缺乏必要的领导力和管理技能。 |

组织如何应对这些张力和挑战会对组织的业绩产生深刻的影响。因此，对所有关注财务职能所带来风险的管理者而言，阅读本报告第 4 部分中的相关详细讨论是颇有助益的。

## 1.6 财务部门的作用

在简要讨论有关财务部门职责、时间分配、财务活动重要性等方面的综合调查数据后，第 5 部分对此做了进一步详细讨论。鉴于在调查中采用的不同调查方法，我们希望您在解读这些结论时保持谨慎，并将这些结论与第 2 部分的详细图表相结合。不过，以下的结论仍然反映出某些特定的模式。

### 1.6.1 财务部门的职责

财务部门的高级职责显而易见的是那些核心的流程型活动：会计、交易处理、财务信息、税务、资金管理和财务控制。

财务部门的中级职责主要体现在应用型领域，例如一般管理与控制、战略规划、风险管理。通过在这些领域开展财务活动，首席财务官和财务部门力求实现更大的影响力，这一抱负有时能实现，有时不能。但是，近年来很难见到战略影响力真正得到提升的实例。在我们看来，很多首席财务官们在多年前已经获得如此影响力，有关这些不断增强的影响力的报告，至少从 1976 年起已经变得越来越多。①

### 1.6.2 极具重要性的财务活动

在管理控制中，包括管理报告、财务分析、预算与预测在内的财务信息的

① 小 L. V. 格斯特纳和 M. H. 安德森，“作为活动家的首席财务官”，哈佛商业评论，第 54 卷，第 5 期（1976 年 9 月），第 100－106 页。

处理和分析极具重要性。这可能是因为，财务部门对这些活动负主要责任，而且这些活动对组织业绩有着显著影响。通常，人们对财务部门期许甚高，希望它们能够高水平地实施财务活动，同时及时解决问题。包括业务支持、决策支持及商业伙伴关系这些术语在内的日常管理与控制是否极端重要，也存在类似的争论。

战略与合规是高度重要的。对于财务部门来说，评估是否给予这两个领域相应的优先级，常常是关键挑战之一。

但是，司库管理和资金管理的重要性并没有上述诸项高，这可能是因为相关的调查都是在2008年金融危机前完成的。

人力管理、财务体制及全组织内的信息技术也被寄予相当的重视，因为这些因素在提升财务部门和组织业绩方面发挥着关键性的作用。

会计处理与报告、交易处理和财务控制的重要性较低。这些活动通常被视作“保健因素”，也就是说，人们希望高效地开展这些活动，但不认为这些活动能为组织增值。在出现重大问题或成本缩减空间时，这些活动才会受到管理层的高度重视。

### 1.6.3 财务部门的时间分配

由于各项调查所采用的方法存在差异，所以，对于那些以时间为基础的财务职责，本报告未进行整理，以免误导读者。更多信息请参看第2部分的详细图表。

作为为数不多的能长期采用相似专业术语的报告，国际商业机器公司（IBM）于2003年和2010年完成的调查报告能很好地体现财务部门对时间分配的趋势。这些调查显示，财务部门历年来在交易活动、控制活动和决策支持上的时间分配比例无明显变化。

### 1.6.4 财务部门的适应性

鉴于调查表明财务部门的职责存在差异，我们认为，这些财务活动的开展方式以及它们是否真的由财务部门来实施，在不同的组织都是很不相同的。实施财务活动的安排受到以下论及的各种驱动因素影响。

此外，上文提及的内在张力给财务职能带来了持续的不稳定，使得财务部门需要时常监控这些活动的有效性，发现并解决问题。

在各种驱动因素、内在张力和挑战的共同作用下，财务部门需要持续不断地增强对其所在独特环境的适应性，这可能包括必要时负担额外的职责或者放弃已有的职责。

## 1.7 影响财务活动实施的驱动因素

图1-1的框架中，“环境驱动因素”、“会计驱动因素”和“组织驱动因素”等标题列出的内容就是影响财务活动实施的各项驱动因素的具体内容。环境驱动因素和会计驱动因素对财务活动既有直接作用，也有通过影响组织驱动因素而产生的对财务活动的间接作用。需要注意的是，“财务活动”对组织驱动因素也有影响，正如图1-1中的“财务活动”方框外沿所示。

管理者可将驱动因素列表中的各项内容作为清单，以确保在组织内部管理财务活动、定位财务职能时，考虑其独特的环境因素。

驱动因素涵盖范围广且相互作用繁杂，带有高度的复杂性和不确定性。关于这些复杂性和不确定性对财务职能的影响，目前的认知还相当有限。但是，我们在第6部分对每一项驱动因素相关的证据进行了讨论，并在附录A中提供了更多细节内容。这些关键点包括如下各因素。

### 1.7.1 环境驱动因素

- 政治与社会因素是实施财务活动的基础性背景因素。例如，政治会影响财务制度，而社会环境会影响人们对股东价值的态度。
- 财务活动需要能够及时对市场力量作出回应，从广义角度讲，市场力量包括经济和金融环境、客户关系、供应商关系。金融危机的破坏力不容小觑。竞争压力可能迫使财务人员更多地参与到组织运行和营销等其他职能中。
- 地域，即国与国之间的差异、全球化以及两者之间的相互作用都会给财务活动的实施带来强烈的、甚至是相互冲突的影响。
- 信息技术的发展可能对财务活动的实施带来变革性的影响，同时，信息技术的发展步伐能够带来持续不断的挑战。
- 产业部门间的差别，特别是在相关不确定性方面的差别，能影响财务活动，特别是在管理与控制、战略与风险等方面影响财务活动。

### 1.7.2 会计环境驱动因素

会计环境驱动因素是环境驱动因素的一个分支，但会计环境驱动因素与财务职能的作用有着特殊的相关性，所以在此要单独讨论。

- 会计列报：财务信息仅能在惯例、估计和假设的基础上部分反映组织的现状。因此，财务部门可以在生成、列报、解读和使用会计信息时采取不同方式。显然，如果后续事项表明这些方法和相应的假设是错误的，那么信息生成者和使用者的信誉就会受到质疑。
- 大量的技术手段可以用于管理与控制目的。虽然在给定的情况下使用何种技术并无明确的标准，但有证据表明，综合应用财务标准和非财务标准是可行的。
- 规章制度直接影响所有的财务活动。财务丑闻增加了人们对这一领域的关注。财务专业人士面临压力，要求对包括可持续性在内更广泛的规章问题予以研究。
- 会计的专业化在世界各地都对财务活动有着影响，随着财务专业团体会员人数的增加，这种影响会继续扩大。与此同时，这种影响又会被适度抵销，因为财务专业人士的权威性已被政府或全球性机构规定或强制执行的法规所取代。

### 1.7.3 组织驱动因素

- 所有权。在什么是财务活动的重点方面，所有者与机构对承担责任的组织（如政府）都会产生重大影响，尽管其实际干预的程度差异很大。所有权或责任的变化会引起财务活动的明显变动。
- 规模。这是影响财务活动的主要因素，特别是在涉及管理与控制的复杂性、正式程度以及财务部门的职责范围时，更是如此。
- 通常认为使管理与控制活动和组织战略保持一致是有益的，但却很难实现。
- 组织结构和财务活动的实施方式密切相关。我们要慎重考虑财务与其他职能之间的合作，考虑财务激励、外包业务与共享服务之间的配合。

- 财务部门员工的技能一定程度上决定了财务活动的性质和效率。然而，吸引合适的熟练员工并非易事。虽然财务部门在实施财务活动过程中起着主导作用，但它们仍会受到高级管理层，特别是首席执行官的直接影响。
- 财务活动与组织文化、政治运动和更广泛的营运惯例紧密相连。

对财务职能的设计和运作有浓厚兴趣的读者可继续阅读第6部分对各项驱动因素的详细讨论以及附录A中的支持性证据。

## 1.8 实践指南

在同时考虑内部相互关联的活动、驱动因素、内在张力和挑战时，就意味着财务职能包含了高度的复杂性和不确定性。例如，在市场动荡时期，由于获取信息的难度和不确定性增加，要满足多方利益相关者的信息需求就变得颇具挑战性。

框架和支持性证据向我们揭示了其中的复杂性和不确定性是如何作用于财务职能和组织行为的。然而，考虑到背景的复杂性、不确定性和重要性，我们对上述作用的认识也是有局限的，要提出具体的、规范性的建议是不现实的。不过，我们仍然可以从中勾画端倪，并为管理者提供一些指南。以下五个小节（1.8.1至1.8.5）概述了我们建议的指南。在1.9中，我们还提出了一些后续工作建议，相信这些都能为增进您对财务职能的理解起到帮助。

### 1.8.1 定期回顾重点

尽管财务职能包含了诸多复杂因素，许多财务专业人士仍可依赖自身经验和专业素养来高效管理财务职能并对环境作出适应。它们之所以能取得这样的效果，是因为它们善于综合利用直觉、细致的思考、团队协作、相关工具和技术。除此之外，它们还时常回顾重点，系统地考察财务职能，思考财务职能是如何与组织需求和背景环境相契合的。通过纵观全局，管理者提高了及早发现问题、规避意外发生以及快速适应的能力。然而，这种本领的精妙之处却只可意会，难以言传。

框架为接触和学习这种精妙的本领提供了一个切入点。虽说没有清晰、明确的行动指南，框架仍然为我们提供了一个必须考虑的有关活动、驱动因素和内在张力的高级清单。即便是经验丰富的管理者也会在参考我们的框架后有所收获，在环境发生变动时更是如此。框架有助于我们对之前可行的方法进行重新审视，以评估它们今后的可行性。例如，框架清晰地表明，当一个财务专业人士从某个组织跳槽到另一个组织时，财务活动的重心、最相关的挑战、驱动因素的本质和相关性都会发生变化，因此，他也需要对此重新进行考虑。

### 1.8.2 谨慎购买“最佳做法”

如果我们认可财务活动需要应对环境的广泛变化，那就很难看出特别详细的最佳做法是如何被广泛推行的。实践证明，许多财务活动，甚至可以说大多数财务活动都可以在财务部门之外顺利开展。

实务操作需要根据每个组织的特殊情况量身定做。这当然不是说组织不应该学习他人经验或听取专家建议。不过，每一个成功的运作模式在移植到不同的环境时，都需要我们付出大量精力来考虑各种情形。例如，在引用“作业成本法”或“商务伙伴关系”时出现的失误不能单单归咎于执行不力，更多程度上要归咎于没有慎重考虑实际情况与范例情境之间的差异。

框架能协助我们充分考虑环境差异，在移植原先的可行做法时慎重评估其中的合理性。

### 1.8.3 在计划性与适应性之间进行权衡

我们的讨论也曾提出，必须判断哪些因素至少在短期内会保持原状，而哪些因素又很可能发生变化，这些判断是我们实施和改进财务活动的基础。我们罗列的各项驱动因素都有可能发生变化，有时很快，有时显而易见，有时又难以察觉。

因此，对所有基本的财务活动来说，我们很难确定那些严格的、标准化的处理方式如何适用更长时间。

此外，错综复杂的让财务活动在实施时适应各种变化的长期计划，很可能会很快过时。这是一项巨大的挑战，例如，在大型组织中的主要财务系统推行变革有时需要数年时间才能实现。

无论是在持续进程方面还是在项目变化方面，专注于适应性是另一种可供选择的路径。例如，财务职能的“转型”项目能够建立在高级指导原则的基础上，涵盖各项长期目标，同时也涵盖短期的、小型的项目，以推动财务工作实现最终目标，这也使得相关的策略进行快速调整成为可能。

然而，实现适应性是需要付出一定代价的。在当前环境中建立系统性和操作性的冗余机制、收集可能并不是必须的商业数据以及雇佣更多高层次熟练员工，而不是严格按照当前工作量所需来招收员工，都不是容易作出判断的事情。

当然，我们必须注意，不必夸大变化所带来的影响。变化比保持原状会更加引人注意。财务职能已经采用复式记账数百年，财务专业人士期盼更多地涉足商业与战略的讨论也有数十年之久。此外，张力和挑战是财务活动框架中的固有因素，代表着对财务职能的持续挑战。尽管这些张力和挑战的表现方式不同，但基础问题是可以被预测的。

### 1.8.4 务实一些：财务部门不是万能的

在阅读本调查报告和部分注释时，可能得出这样的印象，即拥有高素质团队、使用整合的系统和复杂分析技术的首席财务官们，是组织成功的重要决定性因素。虽然我们认为有效的财务职能是取得这种成功的重要组成部分，但更加务实地对待期望更为重要。

财务职能的能力范围是有内在局限性的。此前，我们曾经提及谁对财务活动负责任的会计列报问题（详细讨论见 6.2.1）。正如组织中的其他成员一样，首席财务官和财务团队也有认识上的局限和盲点。财务部门不得不在资源约束的条件下开展工作。因为这些限制和系统功能的局限，信息技术系统的设计通常要进行妥协。

减少这些局限性看上去好像是实惠之举，例如加快决策的制定、增强投资者的信心、真正为财务部门获取某些资源。但是，过度承诺和过低兑现会玷污财务部门的好名声。进一步讲，财务部门如果想成为组织中的理性之声、制定决策“客观”的提供者，就必须对财务部门的能力和产出作出客观评价。

沟通这些局限条件并非易事。例如，企业管理者时间有限，用附加条件或提示让它们超负荷工作可能不会达到预期目的。它们已有的有关这些局限性的知识和假设可能难以评估，沟通也会因所处环境各异而不同。

因此，财务专业人士必须妥善处理在不同环境中哪些问题需要交流，太多的多方案信息、长长的假设条件列表和没有最终建议可能会导致有价值的信息被忽视；太少的没有内容或附带条件的信息和决策建议可能会导致考虑不周甚至是无效的决定，或者产生更多的信息需求。

更进一步考虑，原本可以由财务部门实现的价值未被加以推广，这将导致财务部门的影响力不及其他部门。与此同时，财务部门能够为组织作出更大贡献并持续付出努力，这能极大地激励员工；而在特定组织中，对财务部门角色的恰当定位却存在不同的被接受程度。这两者之间需要平衡。

### 1.8.5　正确面对不可回避的对个人道德和适应能力进行的考验

前述框架和内在张力及各种挑战，有助于我们理解为什么财务专业人士的个人道德和适应能力会经常受到严峻考验。个人对这些考验的反应取决于其品格和能力。因此，如何减弱财务活动执行人员的不恰当反应所带来的风险，是组织需要慎重考虑的。组织领导、其他职能部门的管理者、专业机构、学术界和咨询机构都有义务在这方面提供支持。框架有助于协调各个利益相关方，促使它们采取正确的措施。这些措施尤其包括：

- 对利益冲突进行监控和应对。
- 建立针对财务职能活动的制衡机制。
- 建立并交流道德准则。
- 谨慎招聘、选拔财务人员。
- 提供恰当的培训、发展和辅导。①

## 1.9　后续工作

本小节将为拓展框架或开展进一步的研究提出工作建议，这些建议有助于加深我们对财务职能的理解，进而更好地构建高效的财务职能。

### 1.9.1　参加富有建设性意义的讨论

我们认为，围绕着财务职能的作用和财务活动如何更为有效，框架提供了有用的讨论基础。早期不同版本的框架曾引起财务专业人士、财务顾问和学术界人士就一系列问题进行了广泛深刻的讨论。

对下列问题进行探讨有助于开展进一步的研究：

- 框架是否恰当地反映了财务活动及其相互联系以及影响财务部门作用的各项驱动因素？
- 讨论的各种内在张力是否给出了潜在冲突的综合列表？应当如何化解张力、应对挑战？
- 各项财务活动之间以及财务活动与组织其他活动之间的相互联系，应当如何运作？这些相互联系能否加以改善？
- 在影响财务活动的驱动因素发生变化时，会对财务职能产生什么样的后果？作出什么样的反应才是恰当的？
- 基于已有的知识和证据，如果可能的话，能够确定地提出什么样指南以帮助财务部门更好地应对它们所面对的各种环境？

---

① 更多信息详见 ICAEW，在组织中滴灌正直，伦敦，ICAEW，2011。

### 1.9.2 组织相关知识

本报告和框架的目的，是为了对我们有关财务职能的已有知识进行总结，以便其更易于被了解。过去或将来的附加研究能被并入我们的工作，并有助于我们进行更深入地研讨。

然而，见亦未见，挂一漏万。虽然我们鼓励多角度观察问题，但我们不得不承认框架是有局限性的。这可能会使已开展研究工作的丰富多样性变得模糊晦涩。而且，我们总结各种观点理论时所采用的方法可能存在偏差。我们对附录 A 中各项研究的寥寥概括显然简化了这些研究的发现成果，其内在逻辑的一致性是有待商榷的。我们希望本报告的读者都能自己深入探究这些文献，形成自己独到的见解。

把我们所做的研究变成一个体系，并不是一件轻易的事情。显然，还有别的路径可供选择。我们希望通过您的反馈，进一步了解我们的方法在增加财务职能知识积累上的积极作用，或者是讨论一些别的替代方案。

### 1.9.3 进一步深化框架

我们并未将框架视为不可动摇的磐石，框架的内容仍有着拓展的空间，这种拓展要以更广泛的研讨为基础，收集框架使用者的反馈意见并获取更多的参考文献。

特别地，我们还尝试着从职责、时间、首要任务等方面追寻有关首席财务官和财务职能活动的英文调查。然而，这项工作做得不算彻底，特别是 2000 年前的情况并未作深入研究。对使用其他语言进行的调查，我们也很感兴趣。如果您能接触到本报告未提及的资源，敬请告知我们。下面，我们将讨论的是调查的最新进展。

### 1.9.4 致力于进一步的研究

虽然有助于我们理解财务职能作用的工作范畴已越来越宽泛，但这项研究远未结束。在本节中，我们向您提出了我们认为需要进一步关注的四个特殊的研究领域。

1. 进一步研究趋势分析和财务职能比较

第 2 部分用以支撑财务活动框架的表格显示，大量术语被用于描述财务部门在组织中的所作所为。在今后的调查中使用更标准化的术语可能是有价值的。随着时间的推移，我们能够认定趋势，在不同的调查中进行比较。此外，学术研究对财务活动进行因素分析是有用的。

目前，认为首席财务官和财务部门的作用已发生变化的论断是建立在一次性的调查和对未来的主观判断上。有意思的是，那些著名的例外事件给出了不同的结论。正如前文所述，IBM 在 2003—2010 年间进行的首席财务官系列调查表明，财务部门用于决策支持的时间占比在此期间几乎没有变化，同时首席财务官们在长时期内仍处于缺乏抱负的状态。部分财务活动分类的标准化有助于形成严谨的长期趋势分析。

如果采用相同的调查技术，对首席财务官和财务部门的作用发挥将会受诸如组织规模、国别、行业等驱动因素影响的认识而相应发生变化。在此基础上，对财务部门的性质、财务部门的运行环境、组织业绩之间关系的详细评估将会成为应有之意。如何最优分析财务职能的各项活动，历来存在争议。然而，使用个人性格特征的“五大”模型虽有争议，但事实证明对深化心理学领域的知识深度是有益的。在理解财务职能方面，对那些力图研究出一些财务活动的指南和分类标准的调查进行整合，可能会起到类似的帮助。

2. 对财务部门进行整体研究

许多学术研究以独立的会计人员、绩效管理系统，或特殊的管理技巧为研究对象。针对公司进行的整体性案例分析也为数不少。但对财务部门层面的整体性分析，在数量上就少得多了。

上文提及的内在张力与挑战使我们意识到，对财务职能各个组成部分间如何相互作用进行深入研究将会是有益的。例如，负责管理控制的团队是如何与负责合规性及投资者关系的团队进行协调配合？在工作中会产生哪些问题？这些问题应当如何化解？

值得注意的是，以首席财务官为对象的学术研究数量相当有限，这可能是由于学术人员难以接近首席财务官。

商业标杆管理公司曾对财务活动的执行成本和报告的及时性进行了大量研究。如果将这些研究延伸到衡量财务职能的相互影响，那么将会很有用处。可能的衡量指标包括：检查财务部门在关键性委员会中的代表人数、财务人员的可支配开支限额以及财务部门在投资决策中的话语权。

此外，我们还认为，框架还可以运用到财务部门架构，以便从不同角度对其进行比较和分析。例如，对财务可持续性有兴趣的研究人员可以考虑研究财务活动及其内部相关关系应当如何进行改变以支持财务可持续发展。框架内在张力变化的影响也是值得探讨的。

3. 对财务部门与其他部门的关系进行研究

正如对组织结构驱动因素进行的讨论那样，如果想了解财务部门对组织业绩的影响，那么财务部门如何与组织的其他部门协调配合开展工作是一个重要的研究领域。从理解财务部门和组织其他部门关系的角度，不能孤立地设置财务部门并进行职责划分。

值得注意的是，财务部门与营运部门间的相互作用，并不单纯建立在使用管理会计信息的基础上。事实上，包括跨越管理信息、财务控制、税务、法定会计、投资者关系等讨论在内，它们的内部相互作用是多重的、相互关联的。这一观点通过前述张力与挑战得以印证、强化，也意味着决策过程会受到广泛的财务分析的影响。另外，虽然我们已就财务部门与其他部门间的协作与冲突进行了一定的研究，但这一领域仍有着广阔的发展前景。

4. 发展跨学科研究

默钱特、范德斯蒂德①等众多学者，都十分强调跨学科研究的重要性。跨学科研究集合了来自不同领域的思想碰撞，汇聚了合作中产生的各种见解。例如，框架所示的复杂性内部关系会对检验使用复杂性理论的财务职能作用有所帮助，跨学科学术研究的受益者绝不仅仅是专业公司和科研机构，实际上这项工作是大量的财务人员在谈论财务人员自身。然而，其他部门的工作人员是如何配合财务部门的，它们又是怎样看待财务部门的，这些问题都值得我们探究。

超越界线开展工作会遇到很大障碍，且权衡成本与收益也并非易事。即便如此，我们仍然认为，开展更多的跨学科合作有利于为组织发展提供优质建议。例如，来自商业团体、高校、专业机构、咨询公司的营销专家和财会专家

---

① K. A. 默钱特，W. A. 范德斯蒂德，L. 张，“知识提升的纪律约束：组织激励系统的案例”，*会计、组织和社会*，第28卷，第2-3期（2003），第251—286页。

可开展交流与合作，这样的合作将有助于完善我们对财务部门与营销部门之间相互关系的理解。

## 1.10 效益

我们相信，对框架的讨论和使用，对上述研究的开展和深化，都将极大地增进我们对财务职能的理解，为实现高效的财务职能提供支持。财务职能完全可以在财务部门之外顺利进行，基于这种认识，我们就应该更多地关注组织绩效，而不是单方面地强调财务部门的利益。总而言之，框架对财务职能的分析能发挥建设性作用，这种分析能协助首席财务官和资深管理人员增强财务部门的效能，使其对组织的成功作出更准确的定位。

# 2－6　财务职能：指南

本部分提供了框架各要素的详细内容，并可以根据图 1－1 进行相互参考。

第 2 节描述了每项财务活动的内容，并提供对调查进行分析的支持性表格，以说明每项财务活动的发展历程。

第 3 节深入描述了财务活动之间的相互影响。

第 4 节对 1. 5. 6 节概述的内在张力和挑战进行了综合性讨论。

第 5 节通过汇总本报告使用的不同调查结果，对财务部门的作用进行了分析。

第 6 节讨论了影响财务活动如何实施的框架在外围列示的驱动因素。这些研究结果由附录 A 概述的 250 多份报告和论文予以支持。

# 2. 财务活动的性质与内容

在本部分，我们将较为详细地描述各项财务活动及其明细分类。同时，我们也为每种财务活动提供一个表格，列示来自调查的一些支持性证据，以便说明各种财务活动的种类。该调查的反馈者通常是首席财务官和财务专业人士。以下资料分别与图 1－1 中的数字相对应，即每一个财务活动框中的第一个索引。

## 2.1 会计

会计的目的是记录组织活动的财务结果。这涵盖了组织执行的或以组织名义执行的形成财务业务或效益的各种活动。表 2－1 列示了这些支持性证据，其中包括认定的三个会计要素。

**表 2－1　　　　会　计**

| 作者 | 日期 | 评价指标 | 活动内容 | 评价指标 | 被评价方 | 结果 |
|---|---|---|---|---|---|---|
| 会计 | | | | | | |
| 交易处理 | | | | | | |
| 麦肯锡 | 2009 年 | 责任 | 应付账款 | 管辖范围内 | 财务部 | 79% |
| 麦肯锡 | 2009 年 | 责任 | 应收账款 | 管辖范围内 | 财务部 | 75% |
| 麦肯锡 | 2009 年 | 责任 | 应付工资 | 管辖范围内 | 财务部 | 56% |
| 埃森哲 | 2008 年 | 重要性 | 交易处理 | 关键绩效指标 | 财务部 | 24% |
| 安永 | 2008 年 | 重要性 | 管理应付账款/应收账款 | 最重要 | 首席财务官 | 17% |
| 韦斯顿 | 1954 年 | 时间 | 赊销与收款 | 时间分配百分比 | 财务部 | 7% |
| 韦斯顿 | 1954 年 | 时间 | 监督收银员 | 时间分配百分比 | 财务部 | 3% |
| IBM | 2003 年 | 时间 | 交易活动 | 财务工作量分配百分比 | 财务部 | 50% |
| IBM | 2010 年 | 时间 | 交易活动 | 财务工作量分配百分比 | 财务部 | 49% |
| 会计与报告 | | | | | | |
| IBM | 2005 年 | 责任 | 会计 | 报告职能 | 首席财务官 | 93% |
| 经济学人智库 | 2006 年 | 责任 | 收集和报告财务信息 | 领导权归属 | 财务部 | 89% |
| 首席财务官研究 | 2007 年 | 责任 | 财务信息 | 责任 | 首席财务官 | 91% |
| IBM | 2008 年 | 责任 | 会计 | 报告职能 | 首席财务官 | 93% |
| 麦肯锡 | 2009 年 | 责任 | 总账会计 | 管辖范围内 | 财务部 | 84% |
| 安永 | 2008 年 | 重要性 | 总账会计 | 最重要 | 首席财务官 | 20% |
| 英格兰及威尔士特许会计师协会 | 2010 年 | 重要性 | 会计、簿记、交易 | 最佳技能和角色的需要 | 财务部 | 32% |
| 英格兰及威尔士特许会计师协会 | 2010 年 | 重要性 | 财务报告 | 最佳技能和角色的需要 | 财务部 | 35% |

续表

| 作者 | 日期 | 评价指标 | 活动内容 | 评价指标 | 被评价方 | 结果 |
|---|---|---|---|---|---|---|
| 韦斯顿 | 1954 年 | 时间 | 会计 | 时间分配百分比 | 财务部 | 13% |
| 英格兰及威尔士特许会计师协会 | 1993 年 | 时间 | 内部财务报告与控制 | 时间分配百分比 | 首席财务官 | 36% |
| 英国特许管理会计师协会 | 2010 年 | 时间 | 提供会计建议 | 时间分配百分比 | 财务经理 | 4% |
| 英国特许管理会计师协会 | 2010 年 | 时间 | 跨国业务会计 | 时间分配百分比 | 财务经理 | 3% |
| 英国特许管理会计师协会 | 2010 年 | 时间 | 会计操作 | 时间分配百分比 | 财务经理 | 20% |
| 财务控制 | | | | | | |
| IBM | 2005 年 | 责任 | 控制 | 报告职能 | 首席财务官 | 65% |
| IBM | 2008 年 | 责任 | 控制 | 报告职能 | 首席财务官 | 68% |
| 麦肯锡 | 2009 年 | 责任 | 差旅费处理 | 管辖范围内 | 财务部 | 65% |
| 安永 | 2006 年 | 重要性 | 内部财务控制 | 前六个关注点 | 首席财务官 | 67% |
| 埃森哲 | 2008 年 | 重要性 | 内部控制 | 关键绩效指标 | 财务部 | 38% |
| 安永 | 2008 年 | 重要性 | 差旅费管理 | 最重要 | 首席财务官 | 7% |
| 英格兰及威尔士特许会计师协会 | 2010 年 | 重要性 | 内部财务控制 | 最佳技能和角色的需要 | 财务部 | 16% |
| IBM | 2003 年 | 时间 | 控制活动 | 财务工作量分配百分比 | 财务部 | 26% |
| IBM | 2010 年 | 时间 | 控制活动 | 财务工作量分配百分比 | 财务部 | 25% |

### 2.1.1 交易处理

交易处理涉及组织活动产生的财务交易的记录和处置。这通常通过包括标准化的借方、贷方、现金账簿和总账在内的复式簿记系统对现金类义务、支付、收入款项予以编码和记录。

### 2.1.2 会计与报告

将总账中的财务交易与必要的会计调整加以汇总，将有助于生成以账户表为基础的试算平衡表。反过来，试算平衡表有助于生成以损益表和资产负债表形式的基本账目。

复式簿记系统为会计提供了集中统一的程序和全球标准。

### 2.1.3 财务控制

财务控制必须确保资产安全及所有的财务交易都准确地记录和报告，其内容主要包括制定内部控制政策、调节外部报表、监控款项结算。

## 2.2 合规性

合规性的目的在于符合政府和其他相关法规制定机构的要求。相关的证据已经作了分类，以区分两个不同的部分：规章和税收。表 2－2 详细列示了这些内容。

表 2－2　　　　　　　　　　　　　　合　规　性

| 作者 | 日期 | 评价指标 | 活动内容 | 评价指标 | 被评价方 | 结果 |
|---|---|---|---|---|---|---|
| 合规性 | | | | | | |
| 规章 | | | | | | |
| 加拿大国际财务总裁协会 | 2005 年 | 责任 | 政府沟通 | 直接责任者 | 首席财务官 | 24% |
| IBM | 2005 年 | 责任 | 合规性 | 报告职能 | 首席财务官 | 53% |
| IBM | 2008 年 | 责任 | 合规性 | 报告职能 | 首席财务官 | 50% |
| 德勤 | 2000 年 | 重要性 | 公司治理 | 评分：从 1（表示非常重要）到 5（表示不重要） | 首席财务官 | 1.94 |
| 首席财务官研究 | 2002 年 | 重要性 | 外部财务报告透明度 | 高/最高优先权 | 财务部 | 58% |
| IBM | 2003 年 | 重要性 | 治理/控制/风险 | 前五个关注领域 | 首席财务官 | 54% |
| IBM | 2005 年 | 重要性 | 财务合规项目/内部控制 | 最重要 | 财务经理 | 59% |
| IBM | 2005 年 | 重要性 | 满足委托人与法规要求 | 最重要 | 财务经理 | 57% |
| 安永 | 2006 年 | 重要性 | 合规性 | 前六个关注领域 | 首席财务官 | 60% |
| 埃森哲 | 2008 年 | 重要性 | 财务与法规报告 | 关键绩效指标 | 财务部 | 30% |
| 安永 | 2008 年 | 重要性 | 法规与外部报告 | 最重要 | 首席财务官 | 45% |
| 英格兰及威尔士特许会计师协会 | 2010 年 | 重要性 | 公司治理，合规性 | 最佳技能和角色的需要 | 财务部 | 8% |
| 德意者银行 | 2006 年 | 时间 | 外部财务报告/会计 | 时间分配百分比 | 首席财务官 | 6% |
| 德意志银行 | 2006 年 | 时间 | 合规性 | 时间分配百分比 | 首席财务官 | 4% |
| 德意志银行 | 2006 年 | 时间 | 会计政策 | 时间分配百分比 | 首席财务官 | 3% |
| 英国特许管理会计师协会 | 2010 年 | 时间 | 编制法规报告 | 时间分配百分比 | 财务经理 | 4% |
| 英国特许管理会计师协会 | 2010 年 | 时间 | 会计准则的分析与运用 | 时间分配百分比 | 财务经理 | 3% |
| 英国特许管理会计师协会 | 2010 年 | 时间 | 公司治理，合规性 | 时间分配百分比 | 财务经理 | 3% |
| 英国特许管理会计师协会 | 2010 年 | 时间 | 道德问题 | 时间分配百分比 | 财务经理 | 2% |
| 英国特许管理会计师协会 | 2010 年 | 时间 | 萨班斯—奥克斯利法案问题 | 时间分配百分比 | 财务经理 | 2% |
| 英国特许管理会计师协会 | 2010 年 | 时间 | 外部报告 | 时间分配百分比 | 财务经理 | 12% |
| 税收 | | | | | | |
| 英格兰及威尔士特许会计师协会 | 1993 年 | 责任 | 征税 | 责任 | 财务部 | 87% |
| IBM | 2005 年 | 责任 | 税收 | 报告职能 | 首席财务官 | 70% |
| IBM | 2008 年 | 责任 | 税收 | 报告职能 | 首席财务官 | 72% |
| 麦肯锡 | 2009 年 | 责任 | 税收 | 管辖范围内 | 财务部 | 77% |
| 英格兰及威尔士特许会计师协会 | 1993 年 | 重要性 | 征税 | 重要性高 | 财务部 | 39% |
| 德勤 | 2000 年 | 重要性 | 征税 | 评分：从 1（表示非常重要）到 5（表示不重要） | 首席财务官 | 2.05 |
| 埃森哲 | 2008 年 | 重要性 | 税收管理与运作 | 关键绩效指标 | 财务部 | 20% |
| 英格兰及威尔士特许会计师协会 | 2010 年 | 重要性 | 税收 | 最佳技能和角色的需要 | 财务部 | 8% |

### 2.2.1 规章

规章的合规性涵盖了为符合法律和法规（不包括下面单独分析的税收）要求，生成、交流和验证财务信息必需的各种活动，也包括法定账目的完整性。同时，规章的合规性还包括这样一些活动，即能够向外部团体证明其公司治理和控制程序符合各项外部标准，如英国公司治理法典和萨班斯—奥克斯利法案。

### 2.2.2 税收

税收既与遵守相关国家的税收要求相关，也与税务筹划相关。尽管如此，有关调查通常并不区分这两个方面。如果税收管理单独列示，我们将其视为管理与控制的子类别。

为了计算税收负债，税收报告和合规性涉及到财务交易的分析和汇总。同时，也可能需要与税务当局进行协商。

## 2.3 管理与控制

管理与控制活动的目的是生成、运用财务信息和补充性信息，以便传递、监督和调查经营行为，从而实现组织目标。这些活动也有助于界定和优化组织目标。

正如表 2－3 所展现的研究成果所示，与管理和控制相关的术语在很大范围内交叉使用。这使得对涉及的活动进行分析非常困难。但是，为更好地组织研究结果，我们采用了以下的分类方法：

- 基于管理与控制的目的，生成和分析信息的程序。
- 生成信息的运用。
- 内部审计。
- 管理会计：作为一个包罗万象的术语。

每一种分类将在后面做进一步讨论。

表 2－3 管理与控制

| 作者 | 日期 | 评价指标 | 活动内容 | 评价指标 | 被评价方 | 结果 |
|---|---|---|---|---|---|---|
| 管理与控制 | | | | | | |
| 处理—财务信息 | | | | | | |
| 加拿大国际财务总裁协会 | 2005 年 | 责任 | 预测与规划 | 直接负责部门 | 首席财务官 | 87% |
| IBM | 2005 年 | 责任 | 商务/财务分析 | 报告职能 | 首席财务官 | 84% |
| IBM | 2008 年 | 责任 | 商务/财务分析 | 报告职能 | 首席财务官 | 81% |
| 麦肯锡 | 2009 年 | 责任 | 财务计划与分析 | 管辖范围内 | 财务部 | 86% |
| 首席财务官研究 | 2002 年 | 重要性 | 盈余的准确性与收入预测 | 高/最高优先权 | 财务部 | 81% |
| 首席财务官研究 | 2002 年 | 重要性 | 盈利能力评价 | 高/最高优先权 | 财务部 | 56% |
| IBM | 2003 年 | 重要性 | 企业绩效评价/监控 | 前五个关注领域 | 首席财务官 | 65% |
| IBM | 2005 年 | 重要性 | 企业绩效评价/监控 | 最重要 | 财务经理 | 69% |
| 安永 | 2006 年 | 重要性 | 财务分析与报告 | 前六个关注点 | 首席财务官 | 58% |

续表

| 作者 | 日期 | 评价指标 | 活动内容 | 评价指标 | 被评价方 | 结果 |
|---|---|---|---|---|---|---|
| 埃森哲 | 2008 年 | 重要性 | 预算与预测 | 关键绩效指标 | 财务部 | 45% |
| 埃森哲 | 2008 年 | 重要性 | 设定目标 | 关键绩效指标 | 财务部 | 29% |
| 安永 | 2008 年 | 重要性 | 企业管理报告 | 最重要 | 首席财务官 | 51% |
| 安永 | 2008 年 | 重要性 | 年度预算与未来预测 | 最重要 | 首席财务官 | 61% |
| 英格兰及威尔士特许会计师协会 | 2010 年 | 重要性 | 计划、预测、预算 | 最佳技能和角色的需要 | 财务部 | 28% |
| 德意志银行 | 2006 年 | 时间 | 财务计划与分析 | 时间分配百分比 | 首席财务官 | 9% |
| 德意志银行 | 2006 年 | 时间 | 管理报告/会计 | 时间分配百分比 | 首席财务官 | 9% |
| 英国特许管理会计师协会 | 2010 年 | 时间 | 财务信息的沟通 | 时间分配百分比 | 财务经理 | 6% |
| 英国特许管理会计师协会 | 2010 年 | 时间 | 编制/解释管理会计信息 | 时间分配百分比 | 财务经理 | 6% |
| 处理—非财务信息 | | | | | | |
| 经济学人智库 | 2006 年 | 责任 | 收集与报告非财务信息 | 领导权归属 | 财务部 | 18% |
| 首席财务官研究 | 2007 年 | 责任 | 非财务信息 | 责任 | 首席财务官 | 27% |
| 英格兰及威尔士特许会计师协会 | 2010 年 | 重要性 | 非财务绩效报告 | 最佳技能和角色的需要 | 财务部 | 7% |
| 英国特许管理会计师协会 | 2010 年 | 时间 | 社会会计问题 | 时间分配百分比 | 财务经理 | 1% |
| 英国特许管理会计师协会 | 2010 年 | 时间 | 绿色（环境）问题 | 时间分配百分比 | 财务经理 | 1% |
| 运用—综合管理与控制 | | | | | | |
| IBM | 2005 年 | 责任 | 业务支持/绩效管理 | 报告职能 | 首席财务官 | 54% |
| 经济学人智库 | 2006 年 | 责任 | 控制成本 | 领导权归属 | 财务部 | 69% |
| 经济学人智库 | 2006 年 | 责任 | 对业务单元有关经营决策的建议 | 领导权归属 | 财务部 | 30% |
| IBM | 2008 年 | 责任 | 业务支持/绩效管理 | 报告职能 | 首席财务官 | 54% |
| 首席财务官研究 | 2002 年 | 重要性 | 经营决策支持 | 高/最高优先权 | 财务部 | 60% |
| 首席财务官研究 | 2002 年 | 重要性 | 弹性成本结构 | 高/最高优先权 | 财务部 | 34% |
| IBM | 2003 年 | 重要性 | 驱动降低成本/持续改善 | 前五个关注领域 | 首席财务官 | 52% |
| IBM | 2005 年 | 重要性 | 持续流程/业务改善 | 最重要 | 财务经理 | 61% |
| IBM | 2005 年 | 重要性 | 驱动降低成本 | 最重要 | 财务经理 | 55% |
| IBM | 2005 年 | 重要性 | 协调财务与业务 | 最重要 | 财务经理 | 55% |
| 埃森哲 | 2008 年 | 重要性 | 绩效管理与报告 | 关键绩效指标 | 财务部 | 55% |
| 英格兰及威尔士特许会计师协会 | 2010 年 | 重要性 | 决策支持，绩效管理 | 最佳技能和角色的需要 | 财务部 | 19% |
| 国际信贷银行 | 1992 年 | 时间 | 协助首席执行官与其他高管 | 时间分配百分比 | 首席财务官 | 27% |

续表

| 作者 | 日期 | 评价指标 | 活动内容 | 评价指标 | 被评价方 | 结果 |
|---|---|---|---|---|---|---|
| 国际信贷银行 | 1992 年 | 时间 | 特别建议 | 时间分配百分比 | 首席财务官 | 13% |
| IBM | 2003 年 | 时间 | 决策支持 | 财务工作量分配百分比 | 财务部 | 24% |
| 埃森哲 | 2008 年 | 时间 | 企业整体绩效管理 | 时间分配百分比 | 首席财务官 | 18% |
| IBM | 2010 年 | 时间 | 决策支持 | 财务工作量分配百分比 | 财务部 | 26% |
| 英国特许管理会计师协会 | 2010 年 | 时间 | 提供商业建议 | 时间分配百分比 | 财务经理 | 5% |
| 英国特许管理会计师协会 | 2010 年 | 时间 | 业务合作 | 时间分配百分比 | 财务经理 | 3% |
| 英国特许管理会计师协会 | 2010 年 | 时间 | 管理支持 | 时间分配百分比 | 财务经理 | 18% |
| 运用—现金管理与司库 | | | | | | |
| 英格兰及威尔士特许会计师协会 | 1993 年 | 责任 | 司库 | 责任 | 财务部 | 83% |
| IBM | 2005 年 | 责任 | 司库 | 报告职能 | 首席财务官 | 74% |
| 经济学人智库 | 2006 年 | 责任 | 司库建议 | 领导权归属 | 财务部 | 70% |
| IBM | 2008 年 | 责任 | 司库建议 | 报告职能 | 首席财务官 | 72% |
| 麦肯锡 | 2009 年 | 责任 | 司库 | 管辖范围内 | 财务部 | 81% |
| 麦肯锡 | 2009 年 | 责任 | 信贷决策 | 管辖范围内 | 财务部 | 60% |
| 英格兰及威尔士特许会计师协会 | 1993 年 | 重要性 | 司库 | 重要性高 | 财务部 | 50% |
| 德勤 | 2000 年 | 重要性 | 司库管理 | 评分：从 1（表示非常重要）到 5（表示不重要） | 首席财务官 | 1.95 |
| IBM | 2003 年 | 重要性 | 资产负债表管理 | 前五个关注领域 | 首席财务官 | 39% |
| 安永 | 2008 年 | 重要性 | 司库管理 | 最重要 | 首席财务官 | 34% |
| 埃森哲 | 2008 年 | 重要性 | 司库管理与经营 | 关键绩效指标 | 财务部 | 15% |
| 英格兰及威尔士特许会计师协会 | 2010 年 | 重要性 | 司库，现金融资管理 | 最佳技能和角色的需要 | 财务部 | 9% |
| 韦斯顿 | 1954 年 | 时间 | 编制现金预算 | 时间分配百分比 | 财务部 | 5% |
| 德意志银行 | 2006 年 | 时间 | 现金管理 | 时间分配百分比 | 首席财务官 | 6% |
| 德意志银行 | 2006 年 | 时间 | 营运资本管理 | 时间分配百分比 | 首席财务官 | 6% |
| 英国特许管理会计师协会 | 2010 年 | 时间 | 司库管理/财务风险管理 | 时间分配百分比 | 财务经理 | 4% |
| 运用—投资评估 | | | | | | |
| 首席财务官研究 | 2002 年 | 重要性 | 固定资产投资管理 | 高/最高优先权 | 财务部 | 27% |
| 安永 | 2008 年 | 重要性 | 固定资产管理 | 最重要 | 首席财务官 | 19% |
| 安永 | 2008 年 | 重要性 | 市场营销投资评估 | 最重要 | 首席财务官 | 13% |
| 韦斯顿 | 1954 年 | 时间 | 资本性支出建议 | 时间分配百分比 | 财务部 | 7% |
| 德意志银行 | 2006 年 | 时间 | 投资决策 | 时间分配百分比 | 首席财务官 | 7% |

续表

| 作者 | 日期 | 评价指标 | 活动内容 | 评价指标 | 被评价方 | 结果 |
|---|---|---|---|---|---|---|
| 英国特许管理会计师协会 | 2010 年 | 时间 | 资本投资评估 | 时间分配百分比 | 财务经理 | 3% |
| 运用—税收管理 | | | | | | |
| 经济学人智库 | 2006 年 | 责任 | 税收建议 | 领导权归属 | 财务部 | 70% |
| 德意志银行 | 2006 年 | 时间 | 税收管理 | 时间分配百分比 | 首席财务官 | 4% |
| 英国特许管理会计师协会 | 2010 年 | 时间 | 税收筹划/合规性 | 时间分配百分比 | 财务经理 | 3% |
| 内部审计 | | | | | | |
| 英格兰及威尔士特许会计师协会 | 1993 年 | 责任 | 内部审计 | 责任 | 财务部 | 60% |
| IBM | 2005 年 | 责任 | 内部审计 | 报告职能 | 首席财务官 | 48% |
| IBM | 2008 年 | 责任 | 内部审计 | 报告职能 | 首席财务官 | 38% |
| 麦肯锡 | 2009 年 | 责任 | 内部审计 | 管辖范围内 | 财务部 | 49% |
| 英格兰及威尔士特许会计师协会 | 1993 年 | 重要性 | 内部审计 | 重要性高 | 财务部 | 16% |
| 德勤 | 2000 年 | 重要性 | 内部审计 | 评分：从 1（表示非常重要）到 5（表示不重要） | 首席财务官 | 2.77 |
| 德意志银行 | 2006 年 | 时间 | 内部审计 | 时间分配百分比 | 首席财务官 | 3% |
| 英国特许管理会计师协会 | 2010 年 | 时间 | 内部审计 | 时间分配百分比 | 财务经理 | 3% |
| 管理会计 | | | | | | |
| 英格兰及威尔士特许会计师协会 | 1993 年 | 责任 | 管理会计 | 责任 | 财务部 | 97% |
| 英格兰及威尔士特许会计师协会 | 1993 年 | 重要性 | 管理会计 | 重要性高 | 财务部 | 81% |
| 德勤 | 2000 年 | 重要性 | 管理会计 | 评分：从 1（表示非常重要）到 5（表示不重要） | 首席财务官 | 2.16 |
| 英国特许管理会计师协会 | 2010 年 | 时间 | 管理会计 | 时间分配百分比 | 财务经理 | 22% |

### 2.3.1 处理

此处所指的“处理”包括基于管理与控制目的，对所使用信息的开发、生成和分析。有些调查区分了财务信息与非财务信息。

财务信息：调查报告使用的主要术语包括计划、预测、预算、目标设定、分析和报告。显然，这些处理程序在很大程度上相互重叠、相互影响。例如，实际数据与预测信息相比较的报告和分析为组织的行动和下一个周期的计划奠定了基础。其内容和范围取决于组织对过去和未来的财务数据和交易的分析与整合。也可以从外部渠道获取财务信息。例如，在分析竞争对手时，可以利用其他组织的报表获得财务信息。补充性信息将财务信息与组织的基本活动联系起来。

非财务信息：非财务信息与诸如碳排放、顾客反馈和平衡计分卡要素等信息有关。因为这些都不是财务信息，因此不需要与组织的活动框架严格地融为一体。但是，在研究财务部门的活动时，有些研究却包括了这些术语，同时财务信息很可能与非财务信息融合在一起。

### 2.3.2 应用

此处所指的“应用”是指为达到管理与控制目的，应当如何使用信息。相关内容将决定如何对信息进行汇总和分析（例如以利润为基础还是以现金为基础）。下面将讨论四种主要的应用：

- 综合管理和经营活动控制，通常约定俗成地关注盈利能力或物超所值的目标。正如表 2－3 列示的术语范围很大，财务部门参与经营活动的性质变化可能非常大。
- 现金管理和司库包括两个方面。首先，以预期未来现金流量净现值为基础对公司进行评估，作为一个关键的绩效评价指标。其次，通过司库活动将其作为一项资产类别进行管理，这些活动主要包括融资、租赁、营运资本管理、利率与货币风险管理。很显然，这些内容与融资活动（参见 2.5）相重叠。
- 投资评估力求评价不同投资方案的优点，可能运用现金流量法（如净现值、内部收益率）和利润分析法（如投资收益率法）。
- 税收管理需要考虑众多因素，如转移定价决策、法定主体结构、经营地点、融资结构等。尽管激进的避税计划等问题可能影响组织信誉，通常情况下，关注的焦点是税收负债最小化。正如前文提及的那样，并未区分税收合规性和税收管理的调查，作为合规性的子类别进行讨论（参见 2.2.2）。

### 2.3.3 内部审计

内部审计可能涉及一系列活动，但关键的因素是确保控制活动能象设计的那样进行实施。很显然，所有的财务和组织活动都可能受制于内部审计。

### 2.3.4 管理会计

管理会计是一个包罗万象的术语，尤其是学术界和职业团体运用该术语时更是如此。由于“管理会计”术语经常超越管理与控制的范畴，因此必须单独突显出来。

## 2.4 战略与风险

战略与风险活动的目的是从财务视角报告并影响战略的进展和实施、管理风险。表 2－4 列示了对这些相关活动进行研究的详细结果。虽然并购在表中单独列示，但是我们将其视为战略的一个组成部分。

表 2.4　　战略与风险管理

| 作者 | 日期 | 评价指标 | 活动内容 | 评价指标 | 被评价方 | 结果 |
| --- | --- | --- | --- | --- | --- | --- |
| 战略与风险管理 | | | | | | |
| 战略 | | | | | | |
| 英格兰及威尔士特许会计师协会 | 1993 年 | 责任 | 战略计划 | 责任 | 财务部 | 71% |
| 加拿大国际财务总裁协会 | 2005 年 | 责任 | 董事会和/或委员会支持 | 直接负责部门 | 首席财务官 | 54% |
| 加拿大国际财务总裁协会 | 2005 年 | 责任 | 战略与经营计划 | 直接负责部门 | 首席财务官 | 39% |
| 加拿大国际财务总裁协会 | 2005 年 | 责任 | 制定全部/部分战略计划 | 直接负责部门 | 首席财务官 | 30% |
| IBM | 2005 年 | 责任 | 战略计划/业务拓展 | 报告职能 | 首席财务官 | 42% |
| 经济学人智库 | 2006 年 | 责任 | 制定长期经营计划 | 领导权归属 | 财务部 | 33% |
| IBM | 2008 年 | 责任 | 战略计划/业务拓展 | 报告职能 | 首席财务官 | 34% |
| 麦肯锡 | 2009 年 | 责任 | 战略计划 | 管辖范围内 | 财务部 | 51% |
| 麦肯锡 | 2009 年 | 责任 | 业务拓展 | 管辖范围内 | 财务部 | 23% |
| 英格兰及威尔士特许会计师协会 | 1993 年 | 重要性 | 战略计划 | 重要性高 | 财务部 | 46% |
| 德勤 | 2000 年 | 重要性 | 战略计划 | 评分：从 1（表示非常重要）到 5（表示不重要） | 首席财务官 | 1.47 |
| 首席财务官研究 | 2002 年 | 重要性 | 制定公司战略 | 高/最高优先权 | 财务部 | 60% |
| 首席财务官研究 | 2002 年 | 重要性 | 构造股东价值动因模型 | 高/最高优先权 | 财务部 | 42% |
| IBM | 2003 年 | 重要性 | 协助首席执行官创造股东价值 | 前五个关注领域 | 首席财务官 | 68% |
| IBM | 2005 年 | 重要性 | 合作识别/执行成长战略 | 最重要 | 财务经理 | 61% |
| IBM | 2005 年 | 重要性 | 支持企业业务转型 | 最重要 | 财务经理 | 43% |
| 安永 | 2006 年 | 重要性 | 制定公司战略 | 前六个关注点 | 首席财务官 | 52% |
| 埃森哲 | 2008 年 | 重要性 | 以价值为核心的文化导向 | 关键绩效指标 | 财务部 | 31% |
| 埃森哲 | 2008 年 | 重要性 | 制定战略 | 关键绩效指标 | 财务部 | 27% |
| 安永 | 2008 年 | 重要性 | 董事会战略合作伙伴 | 最重要 | 首席财务官 | 65% |
| 英格兰及威尔士特许会计师协会 | 2010 年 | 重要性 | 制定战略 | 最佳技能和角色的需要 | 财务部 | 5% |
| 韦斯顿 | 1954 年 | 时间 | 参与制订企业长期计划 | 时间分配百分比 | 财务部 | 8% |
| 韦斯顿 | 1954 年 | 时间 | 给董事会的建议 | 时间分配百分比 | 财务部 | 6% |
| 韦斯顿 | 1954 年 | 时间 | 编制长期预算 | 时间分配百分比 | 财务部 | 5% |
| 国际信贷银行 | 1992 年 | 时间 | 协助制定战略 | 时间分配百分比 | 首席财务官 | 20% |
| 英格兰及威尔士特许会计师协会 | 1993 年 | 时间 | 参与制定战略 | 时间分配百分比 | 首席财务官 | 15% |
| 埃森哲 | 2008 年 | 时间 | 计划与制定企业战略 | 时间分配百分比 | 首席财务官 | 16% |

续表

| 作者 | 日期 | 评价指标 | 活动内容 | 评价指标 | 被评价方 | 结果 |
|---|---|---|---|---|---|---|
| 英国特许管理会计师协会 | 2010 年 | 时间 | 战略财务计划 | 时间分配百分比 | 财务经理 | 4% |
| 英国特许管理会计师协会 | 2010 年 | 时间 | 战略管理会计 | 时间分配百分比 | 财务经理 | 4% |
| 英国特许管理会计师协会 | 2010 年 | 时间 | 业务/思想领导力 | 时间分配百分比 | 财务经理 | 3% |
| 英国特许管理会计师协会 | 2010 年 | 时间 | 价值管理 | 时间分配百分比 | 财务经理 | 2% |
| 英国特许管理会计师协会 | 2010 年 | 时间 | 战略网络与联盟 | 时间分配百分比 | 财务经理 | 2% |
| 风险管理 | | | | | | |
| IBM | 2005 年 | 责任 | 风险管理 | 报告职能 | 首席财务官 | 53% |
| 经济学人智库 | 2006 年 | 责任 | 管理风险 | 领导权归属 | 财务部 | 49% |
| IBM | 2008 年 | 责任 | 风险管理 | 报告职能 | 首席财务官 | 48% |
| 麦肯锡 | 2009 年 | 责任 | 财务风险管理 | 管辖范围内 | 财务部 | 75% |
| 麦肯锡 | 2009 年 | 责任 | 经营风险管理 | 管辖范围内 | 财务部 | 46% |
| 首席财务官研究 | 2002 年 | 重要性 | 风险管理 | 高/最高优先权 | 财务部 | 51% |
| IBM | 2005 年 | 重要性 | 支持/管理企业风险 | 最重要 | 财务经理 | 40% |
| 安永 | 2006 年 | 重要性 | 风险管理 | 前六个关注点 | 首席财务官 | 65% |
| 埃森哲 | 2008 年 | 重要性 | 财务风险管理 | 关键绩效指标 | 财务部 | 30% |
| 埃森哲 | 2008 年 | 重要性 | 业务风险与经营风险 | 关键绩效指标 | 财务部 | 18% |
| 安永 | 2008 年 | 重要性 | 风险管理 | 最重要 | 首席财务官 | 57% |
| 英格兰及威尔士特许会计师协会 | 2010 年 | 重要性 | 风险管理 | 最佳技能和角色的需要 | 财务部 | 13% |
| 德意志银行 | 2006 年 | 时间 | 风险管理 | 时间分配百分比 | 首席财务官 | 6% |
| 埃森哲 | 2008 年 | 时间 | 监控企业风险管理 | 时间分配百分比 | 首席财务官 | 9% |
| 兼并与收购 | | | | | | |
| 英格兰及威尔士特许会计师协会 | 1993 年 | 责任 | 收购 | 责任 | 财务部 | 75% |
| 加拿大国际财务总裁协会 | 2005 年 | 责任 | 剥离 | 直接负责部门 | 首席财务官 | 78% |
| 加拿大国际财务总裁协会 | 2005 年 | 责任 | 并购 | 直接负责部门 | 首席财务官 | 33% |
| 英格兰及威尔士特许会计师协会 | 1993 年 | 重要性 | 收购 | 重要性高 | 财务部 | 23% |
| 德勤 | 2000 年 | 重要性 | 并购 | 评分：从 1（表示非常重要）到 5（表示不重要） | 首席财务官 | 1.68 |
| 首席财务官研究 | 2002 年 | 重要性 | 并购/联盟管理 | 高/最高优先权 | 财务部 | 36% |
| 安永 | 2008 年 | 重要性 | 收购与处置 | 最重要 | 首席财务官 | 36% |
| 英格兰及威尔士特许会计师协会 | 2010 年 | 重要性 | 兼并与收购，撤资 | 最佳技能和角色的需要 | 财务部 | 4% |

续表

| 作者 | 日期 | 评价指标 | 活动内容 | 评价指标 | 被评价方 | 结果 |
|---|---|---|---|---|---|---|
| 韦斯顿 | 1954 年 | 时间 | 与投资银行的联系 | 时间分配百分比 | 财务部 | 4% |
| 韦斯顿 | 1954 年 | 时间 | 资本性收购的审批条款 | 时间分配百分比 | 财务部 | 3% |
| 英格兰及威尔士特许会计师协会 | 1993 年 | 时间 | 参与收购与剥离 | 时间分配百分比 | 首席财务官 | 8% |
| 德意志银行 | 2006 年 | 时间 | 并购和处置决策 | 时间分配百分比 | 首席财务官 | 6% |
| 英国特许管理会计师协会 | 2010 年 | 时间 | 并购、剥离 | 时间分配百分比 | 财务经理 | 1% |

### 2.4.1 战略

基于以下三个主要原因，财务与战略过程紧密相连：

• 财务资源：战略的有效实施需要充裕的财务资源。

• 衡量成功：特别是对商业主体而言，组织成功与否的一个关键衡量指标就是财务绩效。

• 组织的透明性：财务信息为整个组织提供了一个统一的绩效指标，也使各种组织活动具有透明性，从而成为理解组织活动的一种主要手段。

但是，用来描述战略活动的宽泛术语表明财务活动融入战略活动过程中的显著差异。再次参见表 2－4。

### 2.4.2 风险管理

虽然从本报告的角度，财务是联结主题，但是，对风险管理的定义差别很大，而且常常模棱两可。一种方法是仅仅关注不利风险、组织行为或不作为的损害或损失。相关例证可能包括成本削减计划导致的健康和安全缺失方面的风险。另一种方法则关注风险与潜在有利因素之间的关系。例如进军新业务的多元化经营，其风险可能很高，但是与现有经营业务相比，其收益率可能很高。有鉴于此，我们将战略和风险管理并列。

各种活动的范围相当广泛，包括制定高风险的政策、组织间风险的识别、为管理这些风险而设计的对行动计划的监控。

### 2.4.3 并购

战略流程的一个特殊要素就是兼并、收购和剥离。在这个过程中，包括财务尽职调查和价格谈判在内的财务因素是核心问题。

## 2.5 融资

融资活动的目的是为现有和潜在的投资者和资金提供者提供信息并与他们接洽，从而为组织获取并保持必要的财务资源。接洽包括提供信息、建立关系、进行谈判。提供信息的过程可以使投资者和资金提供者评估与它们经济利益相关的组织的实际业绩和预期业绩，这些信息是可以公开获得的法定信息之外的信息。

正如表 2－5 所详细列示的那样，相关活动的研究结果表明，在投资者关系和债务融资之间存在分歧。资金提供者包括提供贷款、资产融资和拨款等人。有些机构可能拥有混合利益和/或混合金融工具。这增加了复杂程度，但并不影响核心问题。

表 2.5　　融　资

| 作者 | 日期 | 评价指标 | 活动内容 | 评价指标 | 被评价方 | 结果 |
|---|---|---|---|---|---|---|
| 融资 | | | | | | |
| 投资者关系 | | | | | | |
| 英格兰及威尔士特许会计师协会 | 1993 年 | 责任 | 投资者关系 | 责任 | 财务部 | 50% |
| 加拿大国际财务总裁协会 | 2005 年 | 责任 | 投资者关系 | 直接负责部门 | 首席财务官 | 46% |
| 加拿大国际财务总裁协会 | 2005 年 | 责任 | 利益相关者关系 | 直接负责部门 | 首席财务官 | 29% |
| IBM | 2005 年 | 责任 | 股东关系 | 报告职能 | 首席财务官 | 41% |
| 经济学人智库 | 2006 年 | 责任 | 指导投资者理解企业绩效 | 领导权归属 | 财务部 | 48% |
| IBM | 2008 年 | 责任 | 股东关系 | 报告部职能 | 首席财务官 | 36% |
| 英格兰及威尔士特许会计师协会 | 1993 年 | 重要性 | 投资者关系 | 重要性高 | 财务部 | 30% |
| 德勤 | 2000 年 | 重要性 | 投资者关系 | 评分：从 1（表示非常重要）到 5（表示不重要） | 首席财务官 | 1.44 |
| 埃森哲 | 2008 年 | 重要性 | 投资者关系 | 关键绩效指标 | 财务部 | 10% |
| 韦斯顿 | 1954 年 | 时间 | 股利政策建议 | 时间分配百分比 | 财务部 | 3% |
| 国际信贷银行 | 1992 年 | 时间 | 培育外部关系 | 时间分配百分比 | 首席财务官 | 11% |
| 英格兰及威尔士特许会计师协会 | 1993 年 | 时间 | 处理经纪人与分析师的关系 | 时间分配百分比 | 首席财务官 | 9% |
| 德意志银行 | 2006 年 | 时间 | 投资者关系 | 时间分配百分比 | 首席财务官 | 8% |
| 德意志银行 | 2006 年 | 时间 | 股利与股票回购政策 | 时间分配百分比 | 首席财务官 | 2% |
| 德意志银行 | 2006 年 | 时间 | 发行股票 | 时间分配百分比 | 首席财务官 | 1% |
| 埃森哲 | 2008 年 | 时间 | 与董事会的关系/投资者关系 | 时间分配百分比 | 首席财务官 | 10% |
| 英国特许管理会计师协会 | 2010 年 | 时间 | 公司理财 | 时间分配百分比 | 财务经理 | 3% |
| 债务融资 | | | | | | |
| 加拿大国际财务总裁协会 | 2005 年 | 责任 | 财务/资本结构变动 | 直接负责部门 | 首席财务官 | 80% |
| 德勤 | 2000 年 | 重要性 | 财务/融资 | 评分：从 1（表示非常重要）到 5（表示不重要） | 首席财务官 | 1.34 |
| 埃森哲 | 2008 年 | 重要性 | 资本管理 | 关键绩效指标 | 财务部 | 26% |
| 韦斯顿 | 1954 年 | 时间 | 与银行/短期资金提供者的接洽 | 时间分配百分比 | 财务部 | 7% |
| 韦斯顿 | 1954 年 | 时间 | 筹划发行证券 | 时间分配百分比 | 财务部 | 2% |
| 德意志银行 | 2006 年 | 时间 | 债券发行与管理 | 时间分配百分比 | 首席财务官 | 5% |
| 德意志银行 | 2006 年 | 时间 | 银行关系 | 时间分配百分比 | 首席财务官 | 8% |
| 德意志银行 | 2006 年 | 时间 | 资本结构 | 时间分配百分比 | 首席财务官 | 3% |

### 2.5.1 投资者关系

投资者关系主要关注包括个人投资者、基金管理机构、对冲基金和私募股权机构等在内的权益投资者。它们的目标通常是获取财务回报。指导其投资决策的标准包括与投资风险相关的股东价值潜在增长、通过股利可获得的长期收益水平以及通过退出可获得的利得。相应地，通过提供有关组织财务远景的指南、计划如何实现、风险如何控制等方面的信息，它们的利益能够得到保障。权益投资者能够获得的信息水平取决于其权益投资的份额与性质、与组织和其他股东的关系。例如，私营公司的大股东很有可能获取所有内部信息，上市公司的股东可以获得的信息取决于有关上市公司的各种规定。

### 2.5.2 债务融资

实证研究所涵盖的提供债务资金的人，从广泛意义上讲是商业借贷关系（比如银行借贷）。提供债务资金的人关注的焦点是确保能够收到贷款本息和手续费，无论是通过经营现金流量偿还还是通过拍卖抵押品。因此，如果组织有偿还债务的能力，能够创造足够的现金偿还借款，确保提供的证券保值且不受限制，提供债务资金的人的要求就会得到满足。财务活动包括与债务资金提供者进行谈判。债务资金提供者的目的在于通过谈判条款和贷款契约设定最低的绩效标准来保护其权益。如果这些条款得到满足，就能够保证其债权得到偿还。通常情况下，双方会约定一系列的信息（包括月度报表、契约结果），这些信息让资金提供者确信债务人能够长期履行契约，同时在约定条款和标准得不到满足的情况下，能够采取行动收回资金。

实证研究没有包括的另一种类型的资金提供者包括慈善捐款者或赠与者（如开发机构）。这类资金提供者关注的焦点在于确保资金的使用与其预期目标保持一致，同时也包括组织的偿还能力，以确保其可持续。

## 2.6 管理活动和资源获取

作为组织活动的一部分，本框架包括的财务活动必须进行管理、组织和资源获取。调查包括三个主要类别：人员管理、财务系统、业务外包与共享服务。表2－6列示了对活动进行研究的详细结果。

表2－6　　管理活动和资源获取

| 作者 | 日期 | 评价指标 | 活动内容 | 评价指标 | 被评价方 | 结果 |
|---|---|---|---|---|---|---|
| 管理和资源获取 | | | | | | |
| 财务系统 | | | | | | |
| 首席财务官研究 | 2002年 | 重要性 | 克服财务转型障碍 | 高/最高优先权 | 财务部 | 49% |
| IBM | 2005年 | 重要性 | 驱动信息整合 | 最重要 | 财务经理 | 35% |
| 安永 | 2006年 | 重要性 | 绩效评价系统 | 前六个关注点 | 首席财务官 | 49% |
| 英格兰及威尔士特许会计师协会 | 2010年 | 重要性 | 新的财务流程、技术 | 最佳技能和角色的需要 | 财务部 | 18% |
| 英国特许管理会计师协会 | 2010年 | 时间 | 财务系统的维护 | 时间分配百分比 | 财务经理 | 4% |
| 英国特许管理会计师协会 | 2010年 | 时间 | 开发管理会计系统 | 时间分配百分比 | 财务经理 | 4% |

续表

| 作者 | 日期 | 评价指标 | 活动内容 | 评价指标 | 被评价方 | 结果 |
|---|---|---|---|---|---|---|
| 英国特许管理会计师协会 | 2010年 | 时间 | 管理会计信息系统 | 时间分配百分比 | 财务经理 | 12% |
| 人员管理 | | | | | | |
| IBM | 2005年 | 重要性 | 人员培养 | 最重要 | 财务经理 | 55% |
| 埃森哲 | 2008年 | 重要性 | 员工管理 | 关键绩效指标 | 财务部 | 30% |
| 埃森哲 | 2008年 | 重要性 | 财务组织战略与结构 | 关键绩效指标 | 财务部 | 56% |
| 英格兰及威尔士特许会计师协会 | 2010年 | 重要性 | 团队管理 | 最佳技能和角色的需要 | 财务部 | 8% |
| 国际信贷银行 | 1992年 | 时间 | 监督财务部门 | 时间分配百分比 | 首席财务官 | 27% |
| 埃森哲 | 2008年 | 时间 | 财务与运营管理 | 时间分配百分比 | 首席财务官 | 34% |
| 埃森哲 | 2008年 | 时间 | 强化劳动效率 | 时间分配百分比 | 首席财务官 | 11% |
| 英国特许管理会计师协会 | 2010年 | 时间 | 人员管理 | 时间分配百分比 | 财务经理 | 6% |
| 英国特许管理会计师协会 | 2010年 | 时间 | 项目管理 | 时间分配百分比 | 财务经理 | 5% |
| 业务外包与共享服务 | | | | | | |
| IBM | 2005年 | 责任 | 共享服务：财务与会计 | 报告职能 | 首席财务官 | 51% |
| IBM | 2005年 | 责任 | 业务外包：财务与会计 | 报告职能 | 首席财务官 | 39% |
| IBM | 2008年 | 责任 | 共享服务：财务与会计 | 报告职能 | 首席财务官 | 40% |
| IBM | 2008年 | 责任 | 业务外包：财务与会计 | 报告职能 | 首席财务官 | 28% |

### 2.6.1 财务系统

组织框架列示的财务活动需要财务系统的开发、实施和管理。在这个标题下，我们包括了广泛的相关调查项目，但是作为一个整体，我们试图排除与管理组织的信息技术功能相关的项目（参见表2－7）。

### 2.6.2 人员管理

通常情况下，从事财务活动的人员的管理与开发是相关部门经理的责任。因此，调查所问的问题是重要性和时间分配而不是责任。

### 2.6.3 业务外包与共享服务

业务外包与共享服务中心代表着一种特殊的寻求财务资源活动。在业务外包的情况下，责任会与管理各种关系并与外部服务提供者的合同有关，而共享服务的责任会与管理人员和提供服务的系统有关。

## 2.7 其他活动

为了保证完整性，对可能是首席财务执行官或财务部门责任的其他活动予以考虑也很重要。表2－7概述了这些活动。虽然可能存在争议，但是，有些活动以财务信息为基础，如退休金和保险；而其他活动则很独立，如人力资源和法律问题。本报告所持的观点是，在组织框架内，基于财务信息的生成和使用的财务活动与其他活动之间没有内在的联系。

表 2－7　　　　　　　　　　　　其他活动

| 作者 | 日期 | 评价指标 | 活动内容 | 评价指标 | 被评价方 | 结果 |
|---|---|---|---|---|---|---|
| 其他活动 | | | | | | |
| 组织层面的信息技术 | | | | | | |
| 英格兰及威尔士特许会计师协会 | 1993 年 | 责任 | 信息技术 | 责任 | 财务部 | 68% |
| IBM | 2005 年 | 责任 | 信息技术 | 报告职能 | 首席财务官 | 33% |
| IBM | 2008 年 | 责任 | 信息技术 | 报告职能 | 首席财务官 | 27% |
| 英格兰及威尔士特许会计师协会 | 1993 年 | 重要性 | 信息技术 | 重要性高 | 财务部 | 40% |
| 德勤 | 2000 年 | 重要性 | 信息技术 | 评分：从 1（表示非常重要）到 5（表示不重要） | 首席财务官 | 1.98 |
| 英国特许管理会计师协会 | 2010 年 | 时间 | 电子商务技术 | 时间分配百分比 | 财务经理 | 2% |
| 英国特许管理会计师协会 | 2010 年 | 时间 | 信息技术系统的实施/管理 | 时间分配百分比 | 财务经理 | 3% |
| 法律 | | | | | | |
| 英格兰及威尔士特许会计师协会 | 1993 年 | 责任 | 法律事务 | 责任 | 财务部 | 58% |
| 加拿大国际财务总裁协会 | 2005 年 | 责任 | 与外部法律委员会的主要联系 | 直接负责部门 | 首席财务官 | 33% |
| 加拿大国际财务总裁协会 | 2005 年 | 责任 | 内部法律委员会 | 直接负责部门 | 首席财务官 | 23% |
| 英格兰及威尔士特许会计师协会 | 1993 年 | 重要性 | 法律事务 | 重要性高 | 财务部 | 15% |
| 德勤 | 2000 年 | 重要性 | 法律/法规问题 | 评分：从 1（表示非常重要）到 5（表示不重要） | 首席财务官 | 2.71 |
| 人力资源 | | | | | | |
| IBM | 2005 年 | 责任 | 人力资源/管理 | 报告职能 | 首席财务官 | 11% |
| IBM | 2008 年 | 责任 | 人力资源/管理 | 报告职能 | 首席财务官 | 10% |
| 德勤 | 2000 年 | 重要性 | 人事管理 | 评分：从 1（表示非常重要）到 5（表示不重要） | 首席财务官 | 3.02 |
| 退休金 | | | | | | |
| 英格兰及威尔士特许会计师协会 | 1993 年 | 责任 | 退休金 | 责任 | 财务部 | 65% |
| 英格兰及威尔士特许会计师协会 | 1993 年 | 重要性 | 退休金 | 重要性高 | 财务部 | 19% |
| 德意志银行 | 2006 年 | 时间 | 退休金管理 | 时间分配百分比 | 首席财务官 | 2% |
| 不动产 | | | | | | |
| 英格兰及威尔士特许会计师协会 | 1993 年 | 责任 | 财产管理 | 责任 | 财务部 | 47% |
| 英格兰及威尔士特许会计师协会 | 1993 年 | 重要性 | 财产管理 | 重要性高 | 财务部 | 6% |

续表

| 作者 | 日期 | 评价指标 | 活动内容 | 评价指标 | 被评价方 | 结果 |
|---|---|---|---|---|---|---|
| 保险 | | | | | | |
| 英格兰及威尔士特许会计师协会 | 1993 年 | 责任 | 保险 | 责任 | 财务部 | 71% |
| 英格兰及威尔士特许会计师协会 | 1993 年 | 重要性 | 保险 | 重要性高 | 财务部 | 12% |
| 其他 | | | | | | |
| IBM | 2005 年 | 责任 | 采购 | 报告职能 | 首席财务官 | 29% |
| IBM | 2005 年 | 责任 | 联盟管理 | 报告职能 | 首席财务官 | 10% |
| IBM | 2005 年 | 责任 | 其他 | 报告职能 | 首席财务官 | 10% |
| IBM | 2008 年 | 责任 | 采购 | 报告职能 | 首席财务官 | 24% |
| IBM | 2008 年 | 责任 | 联盟管理 | 报告职能 | 首席财务官 | 10% |
| 德勤 | 2000 年 | 重要性 | 海外经营 | 评分：从 1（表示非常重要）到 5（表示不重要） | 首席财务官 | 2. 80 |
| 德勤 | 2000 年 | 重要性 | 行政管理 | 评分：从 1（表示非常重要）到 5（表示不重要） | 首席财务官 | 2. 97 |
| 英格兰及威尔士特许会计师协会 | 2010 年 | 重要性 | 其他管理角色 | 最佳技能和角色的需要 | 财务部 | 8% |
| 英格兰及威尔士特许会计师协会 | 1993 年 | 时间 | 其他 | 时间分配百分比 | 首席财务官 | 32% |

# 3. 财务活动间的相互作用

本部分描述了财务活动间的主要和直接的相互作用。下面提及的参考资料见图 1 – 1。

如前所述，相互作用分为两种形式。

**传递信息：**一个活动生成的财务信息和补充信息被另一个活动所使用的信息流。

**影响和指导：**一个活动通过使用信息来影响并指导所实施的其他活动及其实施方式。

如果财务活动间不能有效的相互作用，组织可能将面临许多问题。这些将作为各项活动中的张力与挑战予以讨论。

需要注意的是，财务活动间的其他作用也可能发生，无视它们的发生是不符合逻辑的，然而，消除那些目前不普遍存在的相互作用是有益的。

## 3.1　组织活动与会计

**组织活动为会计传递信息**。组织活动触发了需要进行会计处理的财务交易和义务。这些财务交易能够以不同的方式进行沟通，虽然其正式程度不一样。这些不同的方式包括纸质化的购货订单或口头对权责发生额的记录要求等。需要注意的是，一些财务交易是由财务活动自身产生的，例如融资交易。

**会计工作为组织活动传递信息**。通过提供基本的交易信息，例如需要引起一线管理者重视的尚未付款的发票，会计工作能够为组织活动传递信息。

**组织活动影响并指导会计工作**。例如，通过对客户和供应商的折扣安排和付款条款作出决策，组织活动能够影响并指导会计工作。

**会计活动影响并指导组织活动**。例如，通过在组织活动时实施内部控制（购货订单、授权、存货系统、交易代码等），会计活动能够影响并指导组织活动。内部控制的实施应能确保财务义务的有效性、完整性和准确性。

## 3.2　会计与合规性

通过以数据文件、财务报告和补充信息等形式提供需要的信息，会计能够为合规性传递信息。

通过详述合规性所需要的汇总、分析和控制，例如会计准则、巴塞尔条款，合规性能够影响并指导会计活动。

需要注意的是，会计间接地影响着其他的财务活动，因为生成的信息向所有的财务活动提供了核心的输入信息，同时，财务控制又影响了所有的财务活动。

## 3.3 会计与管理控制

通过提供真实的财务信息，会计为管理控制传递信息，这构成了进一步分析的基础。例如，目标和计划进行比较、对其他地方生成的信息进行调节。

通过生成在会计系统中记录的信息，管理控制为会计传递信息。这可能是必然的结果，例如司库活动生成的融资分录，或者在分类账系统中记录预算。

会计影响并引导着管理控制，同时受管理控制的影响，这是一个双向、反复的过程。这涉及财务信息的形式，同时根据不同的需求由会计系统予以提供。

## 3.4 合规性与管理控制

合规性为管理控制传递信息，而财务业绩可能以合规性要求为基础进行度量，例如风险资产的回报率或由银行法规决定的监管资本。

管理控制为合规性传递信息，如披露企业业绩和风险的描述性信息，以满足监管要求。

在监管要求对组织进行限制的情况下，如金融服务部门的最低资本要求，合规性影响并指导管理控制。

需要注意的是，合规性也对组织行为和战略风险施加影响，并进而通过管理控制对组织行为和战略进行限制。

## 3.5 合规性与融资

通过提供可公开获得的信息，合规性为融资传递信息，例如根据上市规则编制的会计文件或会计报表。这种信息提供了对组织生成的其他信息进行验证的方式，特别是在需要经过外部审计程序时。

通过提供满足监管要求的信息，如主要股东的详细资料，融资为合规性传递信息。

## 3.6 企业活动与管理控制

通过提供财务信息、补充信息和分析信息，管理控制为组织活动传递信息。这些信息支持了控制、决策和组织行为。

通过提供来自经营系统和操作系统的财务数据和信息，组织活动为管理控制传递信息。

管理控制引导并影响着组织活动，同时受组织活动引导和影响。这是组织活动最基本目的的实施，即使用财务信息和补充信息影响、管理并控制组织活动，以实现组织目标。这是一个双向和反复的过程，因为这些信息需要不断地被解释和评估以适应不同的管理意见和未显现的事件。

## 3.7 管理控制与融资

通过以约定的格式提供信息，如现金流量预测，管理控制为融资传递信息。

通过提供预期融资成本、投资门槛、最低绩效要求等诸如此类的银行契约要求的信息，融资为管理控制传递信息 。

管理控制影响并引导着融资，同时受融资引导和影响。这是一个双向和反复的过程，因为信息的内容和格式需要得到投资者和注资者的认同。

需要注意的是，融资也通过管理控制和战略风险对组织活动施加影响，因为融资的可获得性可能会限制或促成组织行为。

## 3.8 管理控制与战略风险

通过提供有关目前和预期财务业绩的信息，包括收益、成本、资产负债表动态驱动因素的证据和评估，管理控制为战略与风险传递信息。

管理控制影响并引导着战略与风险，如新的经营成果及其发展以及与其相关的财务后果影响战略制定和风险评估。

通过提供产品的战略议程和内容并通过使用信息，战略与风险影响并引导着管理控制。风险管理活动也是影响信息生成的重要因素。

## 3.9 组织活动与战略风险

通过沟通财务战略和业绩以及组织需要管理的风险，战略与风险为组织活动传递信息。

通过提供有关机会、风险、长处和缺陷等信息，组织活动为战略与风险传递信息。如果这些信息直接指向战略与风险而不需要通过管理控制，那么虽然这些信息可能包括财务内容，所提供的信息也不可能主要以财务信息为基础。

通过提供战略方向以引导组织活动的开展和管理风险的方法，战略与风险影响并引导着组织活动。

组织活动影响并引导着战略与风险，如新的经营成果及其发展以及与其相关的财务后果影响战略制定和风险评估。

## 3.10 战略风险与融资

通过沟通组织的财务战略和风险以利于有关融资或投资的谈判，战略与风险为融资传递信息。需要重点考虑的是，管理与控制信息在多大程度上与这种沟通相结合以涵盖中长期的历史、目前和未来的业绩战略。

从各种会议、演讲和路演等方式收集来的组织观点反馈给投资者和注资者，融资为战略和风险传递着信息。

战略与风险影响并引导着融资，同时受融资引导和影响。这涉及到在企业战略、资金提供、对投资者和注资者的预期回报等方面进行恰当的谈判。这点格外重要，尤其是在要求提供新的战略倡议，如并购、增长计划或应对财务危机时更是如此。

# 4. 内在张力与挑战

财务活动的性质及其相互作用产生了许多内在的矛盾与挑战。针对每项财务活动，下面将讨论这些内容。最高层次的参照与图 1－1 中的每一个红色的方框列示的第二层次的参照相呼应。

## 4.1 会计

### 4.1.1 信息有效性与财务控制

会计生成的财务信息经由“合规性”、“管理与控制”传递到整个框架。如果会计活动未能有效运行，组织所使用信息的质量会大打折扣。这将导致严重的组织管理问题，如资产损失、决策失误、投资者失去信心。

### 4.1.2 财务控制的效益与成本权衡

我们已经注意到财务控制的重要性。但是，评估财务控制的成本与效益并不总是那么容易。组织不得不确定能够在多大程度上相信其员工做正确的事情以及员工如果不这样做可能产生的风险。例如，与其他行业相比，在某些行业的企业里，虚假费用报销现象可能非常严重，这就给该企业的财务和声誉方面造成损失。

同时这也产生了两个问题。一是财务控制的效益很难评估，因为很难知晓在控制有效运行时，什么损失被避免了。二是设计存在缺陷的财务控制可能限制企业的应变能力和创新能力，而这对于维持企业的盈利能力或实现组织的目标可能是必需的。例如，对于相对较小的支出要求高管进行联签可能导致决策迟缓和实施缓慢。

其结果就是，很难判断财务控制应当在多大程度上做到详细和严格。

### 4.1.3 合规性和管理控制所需的不同信息

“合规性”和“管理与控制”所需要的财务信息都是建立在对组织活动产生的相同财务结果的集合和分析的基础上。但是，信息内容、分类和分析方法、期间长短和认为恰当的时效性很可能不同。这可能有问题。以至于约翰逊和卡普兰（1987 年）在它们影响深远的著作《相关性缺失：管理会计兴衰》一书中主张：在管理会计开始关注使用合规性所需要的、与管理和控制业绩无关的信息时，管理会计也就丧失了其自身存在的意义。

因此，如何设计并操作会计和营运系统，从而使其既能满足合规性又能满足管理控制要求，就成了棘手问题。这类信息能够并且应该保持一致或可调节的程度也是受到质疑的（参见 4.2.1 和 4.3.1 相关的张力部分）。

## 4.2 合规性

### 4.2.1 公共信息与内部报告的差异

公开可获取的报告中包含的信息可能不同于为内部管理目的而生成的信息。因此，组织管理者可能质疑外部报告的相关性。但是，鉴于投资者和注资人将以这些信息为基础评估组织管理的绩效，因此，管理者不能忽视外部报告描述。标准化的外部报告，有时还需要经过外部审计，能够帮助投资者比较相互竞争的组织的业绩。

在内部报告和外部报告之间完全进行调节可能难以做到，特别是在内部报告和外部报告涵盖的期间不同时更是如此。此外，投资者可能根据自身的目的对外部报告进行调整，包括一次性费用的处理、商誉的处理、公允价值会计、成本分摊、股票估值、租赁业务等。即使能够进行调节，向非财务管理人员进行解释也绝非易事。内部报告和外部报告之间明显的不一致，可能使得组织管理者、投资者和注资人共同质疑内部报告和外部报告的正确性。

### 4.2.2 符合强制性的外部要求

符合合规性所要求工作的水平和性质在很大程度上取决于组织控制之外的因素。这产生了两个重要后果。

- **不确定和不可控的资源要求：**为满足监管要求必需的工作投入将会增加，并根据有限的潜在资源进行调整以减少不利影响。例如，萨班斯—奥克斯利法案意味着，部分组织不得不从其他活动，如管理与控制活动中抽调熟练员工，以满足强制要求。
- **违规风险：**无法保证能够满足监管要求。相关监管部门可能在报告期后的某个时间才认定报告满足了监管要求，因此，这增加了监管要求不能积极认定和满足的风险。

进一步讲，监控并满足财务合规性和监管要求可能被视为成本很高、价值有限。这导致了以最低成本实施这些活动的压力，从而限制了应给予的关注度。但是，这样做是危险的，因为违规所造成的经济损失和声誉损失可能很高，甚至在极端情况下可能导致企业破产。

### 4.2.3 报告高利润能吸引投资者但也会增加税务负担

在以调整后的法定报告为基础进行税务负债评估的地区，报告的利润水平可能存在相互冲突的压力。这是因为如果会计调整的结果是报告较高的利润，意味着投资者可能也会形成较高水平的税务负债。

## 4.3 管理与控制

### 4.3.1 营运信息与会计信息的差异

虽然管理与控制使用的营运信息和会计信息来自于相同的基础组织活动，但是，正如表4-1所示，它们的性质却很不同。营运信息和会计信息均有相对的优缺点。

营运信息的主要优点在于与组织活动直接相关。这些信息能够实时进行收集和分析以反映组织的架构（如分公司、产品、客户、销售人员）、周期（每天、每周）。此外，这些信息也可能是正式的和非正式的，并能快速地调整以对变化的要求作出反应。营运信息的缺点在于难以固化到控制中以确保信息的正确性和可靠性（如确保捕捉到发生的所有成本）。

会计信息的优缺点与营运信息正好相反。会计信息与组织活动没有同等的紧密联系。会计信息更加正式，有时间间隔，按会计期间（通常以月为单位）予以生成，根据通常是严格和标准化的会计法规进行分析。从另一方面讲，复式记账系统的这种标准化和存在的内在控制，能够提供具有较高正确性和可靠性的会计信息。

基于上述分析，主要与营运信息和会计信息进行调节或保持一致的程度有关，可以得出一系列潜在的结论：

- 信息的不同来源可能导致对组织业绩的不同解读，这产生了不确定性和相互冲突。
- 讨论信息的准确性是浪费时间，还不如关注于为决策目的而对信息进行分析和解读。
- 在另一方面，从不同角度研究信息会形成新的见解，因此，差异也是具有建设性意义的。仅仅因为其支持特定的利益而盲目地接受一种来源或另一种来源的信息，可能是片面的。
- 采用更加复杂的分类账和企业资源计划（ERP）系统可能提升会计信息和营运信息的结合，并减少重大误差。

**表 4－1　　　　营运信息和会计信息的比较**

| 特征 | 营运信息 | 会计信息 |
|---|---|---|
| **总体** | | |
| 信息形式 | 营运数据 | 会计系统产出 |
| 生成信息的关键原因 | 管理信息 | 现金控制/合规性 |
| 使用者 | 管理层 | 合规性，投资者，管理层 |
| 营运关联度 | 直接 | 间接 |
| **与营运的关系** | | |
| 期间 | 与经营周期相一致 | 月或年 |
| 收集速度 | 实时 | 有延迟 |
| 分类标准 | 满足分析要求 | 会计账表 |
| **产出** | | |
| 记录载体 | 内部系统 | 会计记录 |
| 有效性控制 | 自行设计 | 财务控制/复式记账 |
| 报告基础 | 管理技能 | 会计政策 |
| 与资金相关 | 间接 | 直接 |
| 与税收相关 | 间接 | 直接 |

### 4.3.2 决定选取何种信息作为首要的绩效衡量指标

我们所认定的四种不同的管理与控制程序，即日常管理与控制、现金管理和司库、投资评估、税务，尽管都基于财务数据，但是它们要求不同的信息和不同的形式。为生成和分析此类信息而需要的技能也不同。此外，不同利益相关人的利益也在起作用。例如，银行可能关注现金，股东可能关注利润，私营业主可能关注税收最小化，高管可能关注公司成长。其结果就是，在决定采用何种形式、提供何种解释以作为首要业绩指标并作为管理活动的核心时，矛盾就产生了。

### 4.3.3 解读分歧

总体上讲，实际结果与计划或目标的不同主要有两个原因：

1. 未能按设定的组织活动进行实施，从而没能实现计划目标。在这种情况下，理解差异有助于进行评估、调查，并对实施行为和过程进行调整。

2. 构成计划或目标的假设已经不切实际。在这种情况下，理解差异有助于对战略、计划和预测进行重新评估。

区分以上两种原因可能很难，特别是在上述两种原因交织在一起时更是如此。很显然，没能找出差异产生的原因或者曲解了差异产生原因，都可能导致在制定恰当的应对措施时很困难，并带来不确定性。

### 4.3.4 确保经营管理者了解计划和目标

正如前文所强调的，财务活动框架没有指定或建议由谁来实施这些行为。但是，财务计划和目标的制订可能由专业员工来负责。虽然具体负责实施的操作人员可能密切地参与了这个过程，但是，事实可能并非如此。如果操作人员没能充分地参与理解、制订、认可计划和目标，并且这些计划和目标将用来评估它们的业绩，问题就产生了。这将导致计划和目标不被负责实施的员工认可。其带来的负面后果包括经营活动与财务目标相背离、管理责任缺失、计划和目标与管理现状脱节。

### 4.3.5 博弈

管理与控制易受营运管理人员操控。特别是预算编制过程往往受那些对财务结果产生直接影响的人的操控。最常见的预算失实包括收益低估、成本高估，以确保预算目标能够实现或超额完成预算目标，从而获得相关奖励。虽然这种博弈通常被视作组织运营功能的障碍，但是，应变能力的提高也可以使组织受益。

## 4.4 战略与风险

### 4.4.1 财务定位与非财务定位

财务评价的核心优势在于提供了清晰的业绩指标。但是，其缺点是无法评估不能量化的对公司业绩作出贡献的因素，例如创新能力、内部研发的智力资产、服务质量。

人们往往青睐于易于衡量业绩且有明显财务收益的活动，对这类活动进行投入的主动性在一定程度上排挤了那些具有主观和无形收益的活动，然而后者可能产生重大回报。但是即便如此，通过使用更多的非财务信息并与财务信息相结合，我们还是不得不做出困难抉择。

### 4.4.2 长期与短期

与上述讨论的要点类似，我们经常讨论对短期的过多关注。一般而言，管理与控制活动通过使用短期业绩评估手段关注短期目标的实现。在实现短期目标和实现长期目标的行为发生矛盾时，张力就会产生。一个很常见的情形是，在短期内削减维持成本从而投资新设备可能会损害组织的长远目标。需要权衡包括现金流量在内的最佳短期业绩与不确定的长期收益之间的关系。在实务中，这种平衡很难做到。

### 4.4.3 参与度与客观性

财务活动可提供信息并进行分析以支持由其他人作出的战略决定。但是，负责财务活动的员工很可能更直接地参与决策制定，从提出建议到实际作出决定并对其负责。深奥的财务知识和见解所带来的制定决策的益处与可能丧失的客观性之间需要权衡。

### 4.4.4 融资可获取性与战略需求之间的失调

战略的启动需要充足的资金。如果需要从外部获取资金，资金提供者倾向于要求某种形式的担保、以前战略成功实施的证据以及（或者）对未来收益确定性的保证。问题可能以两种方式产生：

1. 妥协于压力而向投资者和注资人提供超越实际能力的保证。
2. 过高地相信战略的实施依赖于资金的获取而不是战略的潜在吸引力。

在上述两种情况下，财务活动将重心转移到了决定一个组织的战略发展上。负责财务活动员工的弹性空间和能力水平将是这些张力如何释放的一个主要因素。

## 4.5 融资

### 4.5.1 信息的内在性与一致性

提供给投资者和注资人的信息主要有两个来源：

1. 满足监管要求的可公开获取的信息（如公布的报告）。
2. 满足管理与控制和战略需求的内部关注的信息。这些信息本身可能来自于不同的渠道，如来自于会计信息或营运信息。

内部信息可以重新整合，以满足投资者和注资人的需求，同时支持有关业绩内容的管理方面的解释和外部方面的交流。

但是，可公开获取的信息必须满足特定的标准。这会在两种信息来源之间产生差异，例如不同的会计处理方式、分析模型或时间跨度。在这种情况下压力就产生了，因为这种差异可能削弱投资者和注资人对组织的信任度，而投资者和注资人要求信息是有效的、真实的、清晰的和一致的。

### 4.5.2 不确定性带来的压力

与投资者（注资人）的关系通常要求提供有关未来财务业绩的预测信息以及管理者对于这些信息正确性的保证。这些均与商业远景、确保持续偿债能力有关。预期信息的正确性取决于有关未来假设的正确性，同时受制于重大的不确定性。但是，为了获取资金并满足投资者和注资人的期望，可能存在轻描淡写此类不确定性、对未来现金流量承诺较高水平的可实现性的压力。没有实现承诺的未来现金流量业绩可能损害投资者对组织的信任度并产生潜在的不良后果。

### 4.5.3 注资人条款与借贷契约的变动

充足的资金是组织持续生存的必要条件。但是，资金提供是有时间限制的，到期后需要重新谈判签署合同。不得不应对这种不确定性带来的挑战。由于注资人内部战略或政策的变动这些超出组织掌控能力范围的因素存在，会导致外部资金被收回，这会提高不确定性水平。更为重要的是，与所注资的组织相比，诸如银行之类的注资人通常规模更大、地位更为强势。

### 4.5.4 投资者、注资人和管理者之间的利益冲突

投资者和注资人有不同的核心利益，投资者的核心利益在于提高股东价值，注资人的核心利益则关心本金和利息的收回。换句话说，在存在多个投资者和注资人时，在每个类别中都会存在相互冲突的利益和权利。例如，对注资人来说有不同水平的担保，对投资者来说有不同水平的管理控制。同时，对于商业远景来说也有不同的看法。管理者的目标不同于利益相关者，例如在组织规模的扩张方面。这些不同的利益会导致在战略、股利政策、借款规模、清算等方面发生冲突。这些冲突会对财务活动施加额外的压力。

## 4.6 资源活动：关键挑战

关键的内在挑战在于，人员和系统的有效开发和管理对于框架中相互联结的活动有效实施是必需的。但是，涉及财务活动的员工可能还没有将其领导力、管理和信息技术提升到与其财务技能相同的水平。

## 4.7 其他活动：关键挑战

如果将其他活动从财务活动框架中完全剔除，就不会存在内在张力。但是，将此类责任附加在负责财务活动的员工身上，就需要开发不相关的专业技能。与专业化相关的收益丧失，需要与以这种方式分配职责带来的收益进行权衡。

# 5. 财务部门的作用

在本部分，我们概述了调查数据的详细表格，以便研究财务部门的作用。正如本部分结尾进一步讨论的那样，考虑到调查的性质和所使用术语的广泛范围，进行合并分析需要谨慎对待。但是，作为对详细反映的回报，通过解释平均数据，一些模式确实出现了。

图 5 – 1 列示了调查回复的平均数，显示了职责的水平以及前面讨论的各项财务活动的重要性。图 5 – 2 列示了各项财务活动第二层次的相同数据，没有包括仅由一次调查所涵盖的项目。其结果是根据财务部门职责的平均数进行排序。

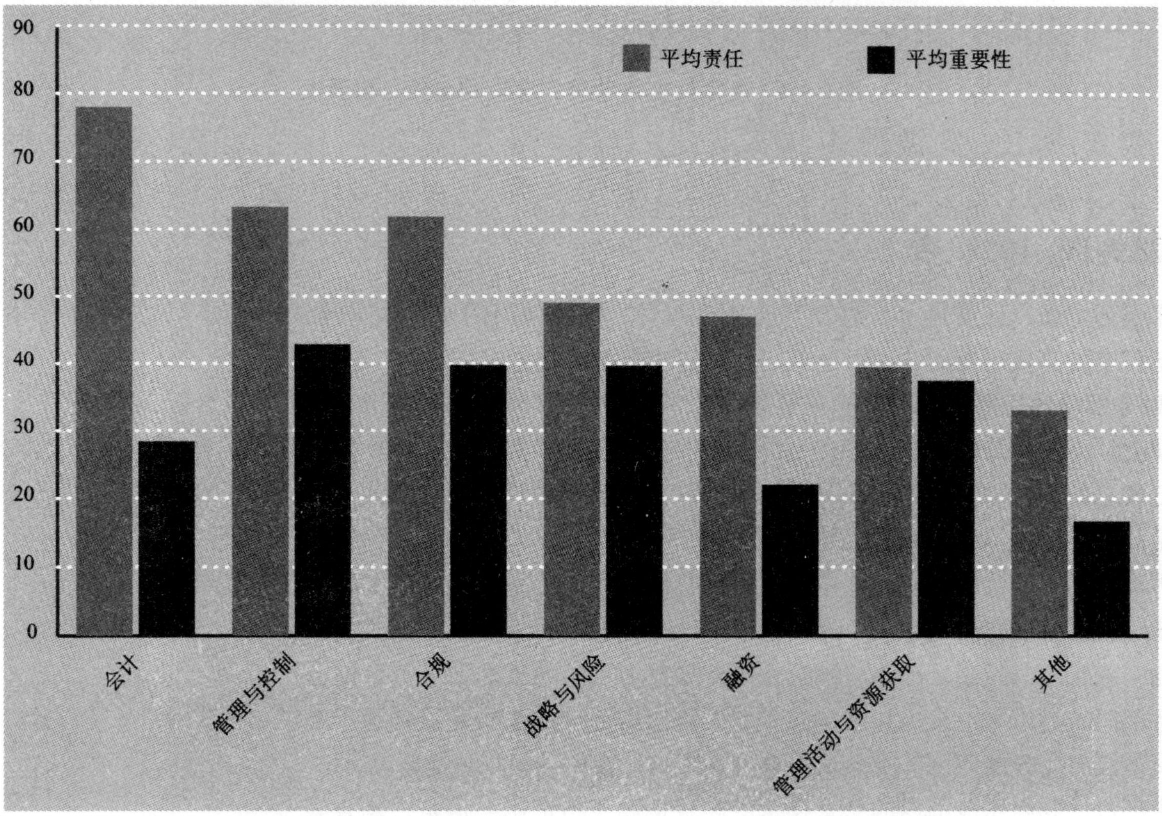


**图 5 – 1　各项财务活动的责任与重要性**

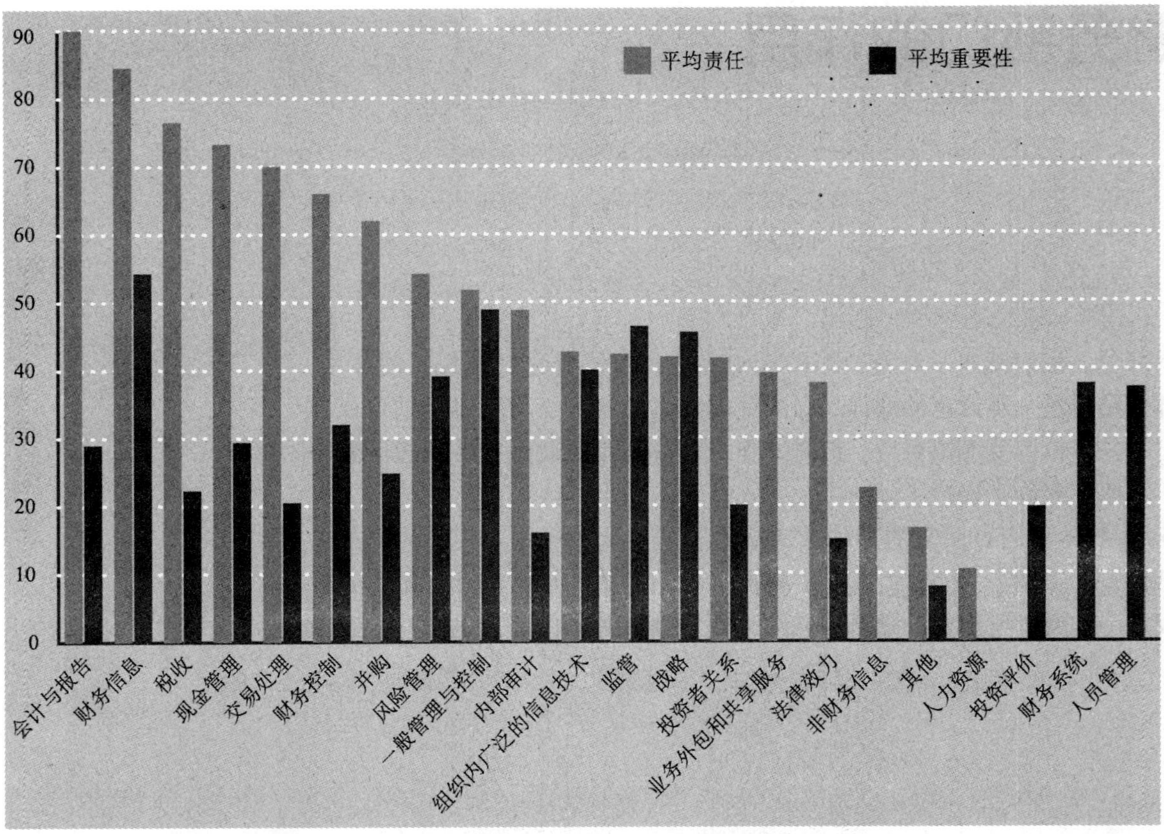


**图 5-2　各项财务活动第二层次的责任与重要性**

## 5.1　财务部门的职责

无需感到奇怪，证据显示，对于财务处理而言，财务部门的职责水平高，而对较低程度的直接应用而言，财务部门的职责水平相对较低。

- **财务部门的职责水平高（60%至90%）**。这主要包括核心的处理类型的活动，即会计、交易处理、财务信息、税收、现金管理、财务控制。如果56%水平的工薪总额被排除在外，那么，70%水平的交易处理职责就是较高的。有意思的是，会计职责不是100%，这可能是因为使用共享服务中心或业务外包的人不再将会计视为它们的职责。本范围内的非核心活动是并购。
- **财务部门的职责水平中等（40%至59%）**。本范围主要包括应用类型的活动，如一般管理与控制、战略与风险管理。这些活动的领域通常是首席财务官和财务部门长期以来追求施加影响的领域。我们需要进一步研究这种追求在很多情况下没有实现的原因，更应该考虑这种影响是否使组织真正受益。

对内部审计和组织范围内的信息技术的职责也属于本范围。但是，调查表明，财务部门在这些领域的职责随着时间的推移在下降。对于内部审计来说，这可能是由于内部审计在不断地关注自身在财务部门之外的独立性。对于信息技术，财务部门在历史上是信息技术的一个主要的使用者，但是，组织的其他部门现在也依赖信息技术，同时，信息技术的能力通常是提高竞争优势的主要贡献者。这在首席信息官（CIO）作用的发展过程中得到体现，首席信息官直接向首席执行官（CEO）汇报。

- **财务部门的职责水平较低（20%至39%）**。因为许多组织没有寻求反映财务活动的方法，对于业务外包和共享服务来说，报告的职责水平低得不可思议。

从职责角度看，投资评估、债务融资、财务系统和人员管理都没有被调查所涵盖。这可能是因为它们在某些调查活动中被广泛的分类所涵盖。就财务系统和人员管理来说，可能想当然的认为，这些活动的职责可能是传递其他活动的手段。

根据2007年和2008年进行的两项调查，对非财务信息的整理和报告也表明财务职责的水平较低。财务部门是否对某些评论者所要求的通过平衡计分卡等工具对非财务指标承担更大责任的呼声作出反应，这将是非常有意思的事情。

## 5.2 极具重要性的财务活动

高度重要的结果将随着时间并在不同组织间发生较大变化，因为优先权会受框架列示的驱动因素和组织面临特定环境的影响。因此，需要谨慎的对待平均数。

包括管理报告、财务分析、预算和预测在内的财务信息表明具有最高平均数的“高度重视”分值。这可能是因为财务部门对于这些活动具有较高的职责，并且对于组织业绩具有潜在的重要影响。可能存在这样的预期，即财务部门会在高标准的基础上实施这些活动，并且问题需要及时提出。类似的争论可能是赋予一般管理与控制较高的重要性。

较高的重要性也可能赋予战略与合规性。对于这两个领域，评估其相对优先权通常是财务部门的关键挑战。对于实现组织成功来说，制定并实施恰当的战略通常是必需的，并被视为一个需要参与的有趣领域。但是，在某种程度上来说，财务部门的参与较随意，特别是在战略制定方面。遵守规章很明显是强制性的，必须予以更多关注，而往往在发生财务丑闻时，关注程度大幅度提升。

虽然重要的司库和现金管理未获得高的评级，这很可能是因为涉及的调查活动是在2008年金融危机发生之前进行的。

人员管理、财务系统和组织范围内的信息技术也被认为是高度重要的。这是因为这些活动是财务部门和组织业绩的关键推动因素。

会计和报告、交易处理和财务控制获得较低的高度重要性评级。这些活动通常被视为“保健”因素，因为它们只是常规高效的执行手段但不会为组织带来附加值。只有在发生了重要问题，或者存在较大成本削减空间时，这些活动才会得到管理部门的高度关注。

## 5.3 财务活动所需时间

因为调查方法的不同意味着调查结果可能会产生潜在的误导，所以，以时间为基础的调查没有合并在内。通过研究第2部分的详细表格，可以获得更深入的理解。IBM在2003年和2010年开展的调查突出表明了这一趋势，为数不多的调查之一是在不同的时间使用类似的术语。这些调查表明，财务部门花费在交易活动、控制活动和决策支持方面的时间比例几乎没有变化。尽管希望花更多的时间在决策支持上，而且技术可用性的提高促进了这种可行性，但是，财务部门在决策支持方面花费的时间比例在2003年和2010年分别是24%和26%。对此有许多可能的解释。技术进步可能被用来大幅度地进行裁员，而不是使人员空出来为决策支持进行工作。另外，财务部门花费在决策支持方面的时间也可能存在某种形式的限制。同时还需要注意的是，统计结果没有表明花费在决策支持方面的时间质量是否得到改善。

## 5.4 解读结果

过于精确地解读这些结果必须谨慎对待，因为这些结果是建立在调查结果平均数的基础上，其中相对较小数量的调查（调查1至调查8）使用了每一个详细的分类。术语变化显著。虽然大部分调查是在2002年至2010年进行的，具有不同的具体问题和质量水平，但是调查还是涵盖了很长的时间。另一方面，调查的总人数、调查的问题数量和调查次数也非常多，这为前述的讨论提供了部分基础。

第5部分讨论了用较为一致的术语开展调查的优势，这有助于在不同的时间描绘财务部门的架构并进行比较。

## 5.5 如何实施因人而异的财务活动

我们讨论了存在一整套相关关联的、形成组织财务功能的活动。包括财务控制在内的生成信息的处理方面通常是财务部门的职责。对信息的应用则不完全是财务部门的职责，有些财务部门在战略与决策方面发挥了主导作用。由此可以得出，在特定的组织中这些活动如何实施是因人而异的，同时受到第6部分描述的驱动因素的影响。

# 6. 影响财务活动实施的驱动因素

本部分讨论了影响组织中的财务活动如何实施的许多相互关联的驱动因素。这些活动适合图 1 - 1 所示框架外围的三个类别。

- **环境驱动因素**提供了组织及其财务活动的运营环境，这些环境因素直接和间接地影响了财务活动。
- **会计环境驱动因素**是环境驱动因素的子集，其和财务功能作用的发挥有特定的相关性。虽然会计环境驱动因素也在形成环境的过程中发挥了作用，但是，会计环境驱动因素的性质和内容主要由环境驱动因素推动。会计环境驱动因素也直接和间接地影响了财务活动。
- **组织驱动因素**源于组织中的经济、运营和行为框架。组织驱动因素的性质和影响受环境和会计环境驱动因素的相互作用。因为财务活动既对组织驱动因素作出反应，同时也在形成组织驱动因素过程中发挥作用，因此，在组织驱动因素和财务活动之间存在复杂的相互作用。

认定的影响因素的数量和它们之间相互作用的事实，在驱动因素和财务活动之间形成了复杂的联系。认定的驱动因素取决于可能是渐进或突进的持续变化的事实，放大了这个复杂性。

考虑到每个驱动因素都在特定的环境下运行，对于每个组织来说，影响因素的详细内容、性质和相互作用都是不同的。因此，对于每个组织来说，这些影响因素对于财务活动如何实施的综合影响也是不同的。但是，也可能存在一些共同的趋势。这是因为，相同范围内的驱动因素对每个组织都会产生影响，在任何一个特定的时点，特定驱动因素的影响可能更为强大，同时，组织之间经常相互复制这些驱动因素。

许多文献和报告已经认定了对财务活动产生影响的驱动因素的范围。这些文献和报告倾向于关注首席财务官和管理与控制活动的作用方面。我们已经利用这些文献和报告来建立下面讨论的驱动因素的范围。所使用文献的详细情况见附录 A 中的表 A - 1。

现在，我们来详细地讨论每一个驱动因素，可以使用表 A - 1 列示的每一个驱动因素的索引来进行导航。

## 6.1 影响财务职能的环境驱动因素

通过对财务活动直接产生影响，或者通过对会计环境驱动因素和组织驱动因素间接产生影响，环境驱动因素对财务活动如何实施产生影响。

### 6.1.1 政治与社会

政治和社会驱动因素是影响财务活动实施的基本因素。例如，政治环境将影响包括税收、公司、合同、财产和雇佣法律在内的监管体系。社会环境将在对待股东价值的态度、持续性经营和公司伦理等许多领域产生影响。很明显，如果组织在不同的国家或全球经营，财务活动需要对不同国家之间的社会和政治差异作出反应。

许多研究都揭示出政治和社会驱动因素的影响。但是，对它们更为直接的讨论见附录 A 中的表 A－2。

### 6.1.2 市场

市场驱动因素的定义较宽泛，包括经济和财务环境、客户和供应商关系。

竞争环境和资本市场的性质和变化驱动着财务活动如何被组织以及何种活动被赋予优先权。特别地：

- **管理与控制活动对市场变化作出反应**。管理与控制活动的目的在于支持组织生存和目标实现。因此，为使管理与控制活动有效，这些活动需要反映、适应市场力量对组织的持续影响，并对这些影响作出反应。
- **战略与风险活动对市场变化作出反应**。战略与风险管理活动需要以同样的方式反映、适应市场力量对组织的持续影响，并对这些影响作出反应。竞争性的市场和不稳定性使得从事长期的价值创造活动极端困难，在分析和解释市场环境和相关风险的战略影响时，财务部门需要发挥作用。
- **财务人员可能更深入地参与营运活动**。同样与前述相关，日益提升的市场压力导致对财务业绩更大的关注，这为财务人员深入参与支持营运活动提供了机会。日益广泛地使用诸如业务伙伴、业务支持、复合型会计以描述财务人员的作用，就是这一情形的反映。
- **金融危机对财务活动如何实施有着显著的影响**。金融危机表明，财务活动被置于重要管理核心的中心位置。财务部门被用来认定需要做什么（例如成本削减、机构精简、资产管理、产能利用），并为其提供常见的权力以从事相关工作。尽管财务部门有更高的要求，其自身也面临着消减费用和员工人数的压力。意料之中的是，糟糕的组织业绩往往伴随着首席财务官不断被替换。

更多的细节见附录 A 中的表 A－3。

### 6.1.3 地域

国别差异、全球化和二者之间的相互作用对财务活动如何实施施加了较强的、通常是相互冲突的影响。主要影响包括：

- **合规性**。在单一地区营运的组织不得不满足当地的监管要求，虽然组织不得不对来自于全球化的变化作出反应，例如引入国际财务报告准则。如果组织在多个地区营运，就不得不在全球化、总公司和当地要求之间进行复杂的权衡。
- **管理与控制系统设计和实施**。在不同的国家影响和趋同的全球影响之间，存在复杂的相互作用。当地惯例对财务人员作用的发挥、如何选择会计处理方法、业绩管理技术和程序的选择等均会产生影响。反对全球化的结果是更高程度的国际一致性，例如全球性的咨询产业。全球性的组织和全球性的产业链也寻求标准化的处理程序和政策，以改进交流方式和自动化程度。
- **财务信息和财务部门的相对重要性**。不同的国家文化赋予财务信息不同水平的重要性以及对其解释的方式。这反过来影响了财务部门在组织中的影响力。

更多的细节见附录 A 中的表 A－4。

### 6.1.4 信息技术

信息技术的持续发展可能对财务活动的实施产生了革命性的影响，同时也提供了持续的挑战。这些影响包括：

- **进行交易处理所需要的资源下降了**。因为信息技术能够使得处理过程变得自动化和标准化。

- **具有了为管理与控制活动改进信息收集和分析的潜力**。信息技术改进了收集、合成和分析财务信息的能力以及获取新类型相关信息的通道。这反过来为财务部门对业务支持、业绩管理和决策制定提供了较大贡献的潜力。

- **财务人员传播信息的作用发生了变化**。信息技术使得财务信息在组织范围内变得更易于获取，更好用。这导致财务人员的作用要么收缩，要么扩张。通过更深入地参与营运决策，财务人员的作用扩张。如果财务信息的可利用性意味着直接管理人员能够使用这些信息，而无需财务人员参与，那么财务人员的作用就收缩了。

- **问题产生自引进新系统或信息缺陷**。除了前述的源自于认定的信息技术发展带来的潜在收益和组织变化，碎片化的威胁也同样重要。

如果新系统和现行系统同时存在，信息来源就可能变得碎片化。这有许多解释，包括以前系统的过时、并购以及引进新产品和服务。将不同来源的信息予以合并和协调的困难可能导致重大的差错和误解。在许多组织中，财务人员花费了巨大的时间以努力探寻这些问题的根本原因和症状。

此外，问题可能产生于信息过量。信息技术使得接近新的、很详细的、更为广泛的信息来源变得非常便宜。其消极面可能导致信息过量，从而使得非常相关且有用的信息难以识别。

更多的细节见附录 A 中的表 A－5。

### 6.1.5 行业

行业间的差异对财务活动如何实施有影响，特别是在管理与控制、战略与风险方面更是如此。非常多的证据关注于不同行业间伴随着不确定性水平的变化。例如与信息技术软件公司相比，公用事业公司面临的不确定性较小。此外，服务行业中特定的财务活动面临的不确定性水平，将会不同于生产行业面临的不确定性水平，因为服务行业的过程难以标准化，产出难以计量。还需要注意，特定行业中的组织经常会模仿同行业的组织结构。到现在为止，没有迹象表明业绩管理体系的设计可以与行业特征相匹配。

更多的细节见附录 A 中的表 A－6。

## 6.2 会计环境驱动因素

会计环境驱动因素是环境驱动因素的子集，其与财务功能的作用具有特定的相关性。四个驱动因素分别是：

### 6.2.1 会计列报

财务信息和会计报告仅能部分列报组织的真实情况。会计列报建立在信息的生成和说明的基础上，反过来又不得不由信息使用者进行解释。虽然通过会计生成的信息对于制定决策并运行组织是必要的，但是财务部门和其他的会计信息使用者不应忽视会计的内在缺陷。

- **会计报告建立在有关未来结果不确定性假设和收益成本分摊恰当性的基础上**。会计报告包含的许多信息是建立在不确定性未来的假设基础上。与核算日常活动相关的不确定性包括应计收入能否收回、折旧率是否与固定资产的实际寿命相配比、为担保而确认的准备是否足够。对一次性事件的处理也可能需要对未来情形作出判断，例如在司法主张案件中胜诉或败诉。这些问题导致对会计准则的持续修订，这会产生财务职能不得不应对的变化。因此，财务报告需要持续的重述，因为结果不同于以前的假设，并且会计准则发生了变化。

此外，如何将收入和费用分摊于不同业务和不同期间的决策，对于如何理解业务单元的业绩有重要意义。关于管理费用和中央成本如何分摊、是否分摊的讨论，以及关于各种成本核算技术的讨论，都表明存在问题。

- **财务功能在应用会计准则以及创建可行的特定会计假设等方面存在不同**。对于许多的目的来说，这在实务中是完全恰当的。但是，如果后续的事件表明这些假设是错误的，以前的会计报告可能被质疑为不可信。如果产生的调整是重大的，那些生成信息并依此制定决策和实施决策者的可信性就会被质疑。

更多的细节见附录 A 中的表 A－7。

### 6.2.2 管理与控制技术

管理与控制活动如何实施强烈地受到用来分析、计划和报告财务信息的技术类型的影响。与此相关的两个核心主题是：

- **所使用技术的类型对管理与控制活动如何实施有影响**。但是，没有形成清晰的指南以评估何种技术类型更恰当。随着时间的推移，大量的管理会计技术得到发展以反映特定历史、组织或环境因素。尽管对这些管理会计技术的用途进行了大范围的研究，但是，还没有形成内在一致的模式以帮助选择在特定情形下最恰当的管理会计技术。进一步讲，有证据表明，正在使用的管理会计技术是由诸如主观评估、历史用途、来自管理者和咨询师使用最新技术的压力等因素决定的。

- **为改进业绩，许多公司已经将财务指标和非财务指标予以较大程度的融合**。但是证据也表明，虽然这种方法是有用的，在实务中也难以实施。

更多的细节见附录 A 中的表 A－8。需要注意的是，表 A－8 只是列示了可获取的广泛研究中的一小部分样本。

### 6.2.3 规章

合规活动直接受外部要求驱动，其对其他的相互关联的财务活动具有连锁影响。

- **规章的权重决定了合规活动的重要性、复杂性和技术要求**。在过去的许多年，监管要求已经日益提高，并使得财务部门发生了重大变化。因为监管要求的不可协商性，财务经理花费的时间和关注大大提升。同时，鉴于日益提升的不合规风险，也提升了合规的战略重要性。日益提升的监管负担也在压缩诸如管理与控制等财务活动方面产生连锁影响。

- **同时，财务丑闻提升了对规章的重要性的关注度**。关于这一点很明显的示例是对安然、世通公司等事件的反应以及萨班斯—奥克斯利法案的实施。

- **规章对管理与控制和会计活动具有影响**。很明显，遵循财务规章而需要的信息和财务控制对会计活动具有影响，而会计活动必须对内部和外部要求作出反应。当规章使组织活动受限，同时在管理信息与外部报告无法保持一致的前提下，管理与控制也受到影响。

- **广泛的监管问题，包括持续性经营，为财务专业人士的工作带来压力**。日益突出的自然环境、伦理和治理问题导致财务功能的范围拓展到较窄的财务范围之外。

更多的细节见附录 A 中的表 A－9。

### 6.2.4 会计专业化

会计职业能够对财务活动施加重要影响，特别地：

- **在世界的一些地方，财务活动的实施强烈地受到培训标准和较大部分的财务经理所归属的职业团体所要求的道德标准的影响**。会计专业化产生于职业客观性的要求以满足早期的监管准则，特别是与清算和审计有关的监管准则。
- **会计职业已经予以合并且持续地扩展其影响**。例如，会计职业团体的会员已经持续地扩展且有助于驱动国际会计实务的趋同。
- **相反地，存在来自规则导向监管的挑战，且在较大程度上是雇主而不是会计职业的附属物**。近年来，监管要求日益被政府和全球性组织所规定，这降低了会计职业的影响。此外，在专业与雇主忠诚之间存在内在张力。

更多的细节见附录 A 中的表 A－10。

## 6.3 组织驱动因素

组织驱动因素与财务活动实施的组织性质有关。组织驱动因素受到环境驱动因素和会计环境驱动因素的影响，因为组织必须适应其所在的环境。需要注意的是，因为财务活动是组织的一个组成部分，组织驱动因素既影响了财务活动的功能，同时也受财务活动功能的影响。组织驱动因素包括七种因素。

### 6.3.1 所有权

所有者以及对组织负有责任者在财务活动如何实施方面具有重大影响。具体的方面包括：

- **满足并管理财务预期的压力**。商业组织对财务预期的压力的性质和水平随着组织所有权的性质而变化。例如，许多私募股权所有者更多地关注于财务回报以支持其退出战略，而机构投资者（如养老金）则通常着眼于长期。虽然组织关注于投资者的财务预期，这增强了首席财务官的影响。但是另一方面，首席财务官和财务部门也承受着削减成本和员工总数的压力。
- **所有者干涉财务活动的程度发生变化**。从定义来看，诸如家庭业主或合伙人等业主经理，在决定财务活动如何实施方面具有广泛的权力。如果外部投资者介入，就可能带来改变财务流程和产出的压力。特别地，干涉主义者、私募股权公司可能对财务报告和控制有关的细节要求施加影响。作为合资企业而成立的组织，可能面对来自权益合伙人的复杂的、甚至可能相互冲突的要求。对于拥有广泛股东的上市公司而言，就财务活动如何实施，会存在较小的直接来自所有者的影响。
- **所有权变化的影响**。这会触发财务活动的所有方面发生变化，要么满足新所有者的变化要求，要么整合被并购组织的流程。处理所有权的变动可能极为困难，如与所有财务过程相关的兼容性，包括行为方面和组织方面、信息系统和财务政策。
- **公有制或慈善机构地位的影响**。与公有制或慈善机构地位相伴的组织目标不同于商业组织，其财务目标并非组织目标的核心组成部分，因为其信奉的结果是提供服务的水平，财务优先权表述为提供物有所值的服务、保护公款或慈善资源。

更多的细节见附录 A 中的表 A－11。

### 6.3.2 规模

组织规模对财务活动如何实施具有重要影响。特别地：

- **规模较大的组织倾向于具有更为复杂且规范化的管理与控制系统**。实际上，会计系统的发展已经在形成规模较大的、多部门公司方面发挥了重要作用。关于这一点，是有争论的。
- **在规模较小的组织中，财务人员可能拥有广泛的责任，财务活动倾向于相对来说不那么复杂**。范围广泛的活动来自于有限的管理资源。管理与控制过程有可能是较为简单的，在新环境形成过程中，差距可能很明显。
- **但是，因为组织规模与其他驱动因素的相互影响，组织规模的特定影响并不总是很清晰**。在规模较大的、多部门组织中，这一点很特别。基于不同组织结构，伴随着职责程度的变化和复杂性，财务活动的范围能够扩展的很大。

更多的细节见附录 A 中的表 A－12。

### 6.3.3 战略

战略关注点驱动着财务活动如何实施，特别是在管理与控制方面。特别地：

- **战略和管理与控制实务的兼容通常被视为对组织业绩有益**。因此，新战略的有效实施可能要求管理与控制活动发生变化。
- **但是，使管理与控制实务和战略相一致可能存在挑战**。管理与控制流程倾向于关注短期业绩，而战略倾向于关注中长期业绩。确保它们之间相一致是困难的，特别是强化短期业绩的行为可能损害长期业绩（例如削减市场营销或研发费用）。
- **管理与控制反馈能够嵌入战略制定过程**。来自管理与控制活动的反馈是战略制定的主要因子。在战略制定和管理与控制活动实施之间存在持续的反馈循环时就是一个示例。还需要注意的是，对于追求并购式增长或紧缩政策而不是自然发展的公司来说，财务部门相对其他部门的重要性可能较高。

更多的细节见附录 A 中的表 A－13。

### 6.3.4 组织结构

组织结构与财务活动如何实施相互交融。特别地：

- **组织结构影响着财务活动并受其影响**。组织结构对财务信息汇总和分析的方式（如利润中心分类）、财务信息生成的方式（如集成化或分散化）、谁生成财务信息（如财务部门或其他部门）、对谁提供财务信息等具有核心影响。与此相反的，财务考虑因素对组织结构有影响，如为满足税收和监管目的而需要的恰当的法律主体结构。
- **部门结构影响着财务和其他功能之间的协作和冲突的性质和程度**。组织内的各个部门彼此相互依赖以实现可能相互冲突的目标。它们之间的关系取决于许多因素，包括相互依赖水平、职责重叠、相互冲突的解决机制。
- **一个可能的趋势是财务人员更深入地参与营运活动**。但是，这种愿望已经讨论了许多年。这种愿望的实现程度在不同组织之间变化很大。
- **财务激励因素影响着那些执行财务活动人员的行为**。这种影响可能是有效的，也可能是无效的。一个关键问题是，以组织的财务业绩为基础对财务人员进行奖励可能危及财务人员的客观性并产生不道德的行为。

• **业务外包和服务共享中心对财务活动如何实施具有特定影响**。这些变化包括财务活动在哪些领域实施、如何实施以及对其有效实施的管理责任。

更多的细节见附录 A 中的表 A－14。

### 6.3.5 人员

财务人员的知识、技能、兴趣和态度以及与其他职能部门人员的关系影响着财务活动如何实施。相关的主题包括：

• **财务人员的技能在决定财务部门的有效性方面发挥着重要作用**。许多研究表明，财务部门聘用、培训并保留具有恰当技能和个人特质的财务人员将会对财务部门实施财务活动的有效性发挥作用。对财务部门多样性的程度也有影响。

• **但是，可能难以吸引恰当的、有技能的财务人员**。研究表明，技能的缺失是一个主要问题，虽然需要注意这些研究是在 2008 年金融危机发生之前进行的。困难之一在于对财务人员的全方位技能和个人特质的要求可能导致不切实际的期望。进一步讲，某些所要求的个人特质可能彼此相左，例如关注于细节与战略性思维。

• **财务部门在形成其自身作用方面发挥着重要作用**。财务部门人员能够影响着对哪些活动负有责任，任务如何被赋予优先级以及实施这些活动所需要的资源和流程。此外，评论家争论说，希望承担更为广泛业务作用的财务部门将需要积极地追求这个目标，而不是等待组织给它们这个机会。

• **但是，高层管理团队在财务活动如何实施方面也发挥核心作用**。在确定财务部门的影响时，首席财务官和首席执行官之间的关系特别重要。研究还表明，高层管理团队成员的职能背景在影响战略和信息方面发挥着作用。例如，有证据表明，由具有更多财务背景的高管组成的高层管理团队更可能关注于并购式增长而不是自然发展。

更多的细节见附录 A 中的表 A－15。

### 6.3.6 文化

财务活动与组织文化和政治相互交融。组织文化、权力关系和政治对财务活动如何实施、信息如何解释和使用具有重要影响。此外，财务活动的变化以及引入新的会计技术将对组织文化产生影响并可能改变权力的分配。因此，这些变化可能面对阻力并难以实施。应该积极关注那些与之相关的财务活动以及改变财务活动以使之更有效的因素。有争论认为，高层对这些变化的支持是取得成功的必要的前提条件。

更多的细节见附录 A 中的表 A－16。

### 6.3.7 惯例

财务活动与组织惯例相互交融。广泛的组织惯例和流程塑造着财务活动的实施并被其塑造。财务活动是整个组织惯例的一部分，可能反映这些惯例或与这些惯例相冲突。进一步讲，财务活动可能改变习以为常的势力，或被习以为常的势力所改变，这些势力反过来适应了它们的外部环境和管理干预。

更多的细节见附录 A 中的表 A－17。

# 附录 A：关于驱动因素的支撑证据

**表 A－1　　　　涉及驱动因素的论文**

| 作者 | 时间 | 研究成果 |
|---|---|---|
| 许多文献和报告认定了影响财务活动的各种驱动因素 | | |
| 毕马威会计师事务所/澳大利亚皇家特许会计师协会 | 1998 | 竞争压力、技术革新、全球化、新的商业结构、关注价值的需要、对新技能的需求以及工作态度的改变都会影响财务功能。 |
| 谢里登 | 1998 | 财务管理发生变化的主要驱动因素包括对质量和服务的新态度、股东参与意识强带来的社会压力以及激烈的竞争、新的机会和风险、法律和环境压力。 |
| 瓦根纳等 | 1999 | 业绩管理系统随着一系列因素的变化而变化。这些因素包括：权力关系、同行压力、追求合法等内部影响因素；法律、市场多变性、信息技术等外部影响因素；执行方式和系统设计等执行过程问题；高层支持程度、组织文化的影响等转换问题。 |
| 陈霍尔 | 2003 | 探讨了外部环境、科学技术、组织规模、组织结构、战略和国家文化对管理控制系统设计的影响。更多详细的观点在相关章节中予以概述。 |
| 彭斯、鲍德温斯道特 | 2005 | 管理会计师作用转变的主要驱动因素包括全球化和国际化、新的管理哲学和战略目标、组织重组以及有影响力的团体和个人的行为。 |
| 加拿大国际财务总裁协会 | 2005 | 首席财务官面临的最高挑战包括合规性、资金可获取性、战略规划、人力资源管理问题、个人压力和市场状况。 |
| 安永会计师事务所 | 2006 | 首席财务官的作用主要受提升的公司治理义务的影响，同时也受到投资者更多的需求、对不良行为更重的惩治、科技变化以及董事会成员需求增加的影响。 |
| 伯恩、皮尔斯 | 2007 | 管理会计师的作用受很多因素的影响。这些因素包括外部因素（所有权、环境和法律）、内部因素（规模、结构、文化、科技、管理、业务性质和环境、区域、执行系统）以及个人因素（个人定位、背景、技术，以及个人特质）。 |
| 安永会计师事务所 | 2008 | 导致首席财务官作用发生变化的因素主要有：日益提升的监管要求、董事会和审计委员会的预期、公司治理义务和风险管理。 |
| 安永会计师事务所 | 2008（a） | 财务总监面临的机会和挑战日益增加，这是因为：商业活动越来越全球化，越来越复杂；财务活动已成为商业活动的伙伴，处于核心位置；提交高质量管理信息的压力增加；存在从效率到效果转变的压力，包括处理共享服务、业务外包和成熟的技术系统；首席财务官将更多的工作转交财务总监，因为首席财务官在处理投资者关系方面花费了更多的时间。 |
| 毕马威会计师事务所 | 2008 | 财务功能受诸如全球化、投资者需求、法规增加、科技影响力以及对组织承担社会责任的日益关注的影响。 |

续表

| 作者 | 时间 | 研究成果 |
| --- | --- | --- |
| 费雷拉、奥特利 | 2009 | 业绩管理系统需要以整体的眼光进行审视，并考虑各个方面。这包括组织的视角和使命、主要成功因素、结构、战略和计划、核心业绩指标、目标设定、业绩评估和奖励机制。同样重要的还有业绩管理系统的使用方式、反馈和前馈信息流、相关的系统和网络以及业绩管理系统如何根据环境和系统内各组成部分关联度的强弱作出反应和发生改变。历史的和文化的因素也需要考虑。 |
| 拜马尼、布罗米奇 | 2010 | 管理会计和管理会计师人员受下述因素的影响：企业面临的日益全球化、数字化和多变的环境；采用灵活的供应链；新的管理技术以及增长的法规要求。 |
| 英国特许管理会计师协会 | 2010 | 财务职能的改变可以视为受成本效率或者价值创造的驱动。这种改变的程度和范围受组织规模、区域、属地、竞争增加、风险和不确定性增加、信息技术进步、法规、新的市场、高层管理的变化、服务需求增加等因素的影响。 |

**表 A－2　　　　政治和社会驱动因素**

| 作者 | 时间 | 研究成果 |
| --- | --- | --- |
| 在财务活动实施的环境中，政治和社会驱动因素很重要 | | |
| 迪马乔、鲍威尔 | 1983 | 在社会和政治压力下，组织之间逐渐趋同，模仿其他的组织以满足合法性，并在组织范围内获取专业网络的影响力。 |
| 国际信贷银行 | 1992 | 20 世纪 90 年代经历了共产主义社会解体、海湾战争、拉丁美洲经济恢复健康以及持续的经济衰退，因此，应对迅速的不可预测的变化成为商业活动的首要任务。相应的，这也要求财务功能在远景上更加战略化，在观念上更加直接和开放。 |
| 谢里登 | 1998 | 财务管理发生变化的主要驱动因素包括对质量和服务的新态度、股东参与意识强带来的社会压力、激烈的竞争、新的机会和风险、监管和环境压力。 |
| 桑邦、桑 | 2000 | 众所周知，会计与企业和社会环境有关并受其影响。 |
| 弗里格斯登 | 2004 | 社会和政治压力表明，作为组织行为主要驱动因素的股东价值的作用已经终结了。此外，公司不再能够通过财务设计实现盈利。 |
| 纳比尔 | 2006 | 会计变化的性质与社会因素密切关联。在更广泛的范围内，会计被视为与实践网络、原则和人紧密相连，这构成了各种各样的“会计星云”。 |
| IBM | 2008 | 不可否认，世界充满风险，即收入超过 50 亿美元的商业活动中，有 62% 都遇到了重大的风险事件，其中，有 87% 属于战略的、地域政治的、环境的、运作上的和法律上的。 |

**表 A－3　　　　市场驱动因素**

| 作者 | 时间 | 研究成果 |
| --- | --- | --- |
| 竞争性的环境和资本市场的性质和变化驱动着财务活动如何组织，以及哪些活动被赋予优先权，特别地： | | |
| 管理和控制活动对市场变化作出反应 | | |
| 特尼、安德森 | 1989 | 来自日本的竞争促成了明显的组织变化。在为现代制造技术和持续改进提供支持方面，会计变化是成功的必要部分。 |

续表

| 作者 | 时间 | 研究成果 |
|---|---|---|
| 库波 | 1996 | 成本管理的重要性日益增长，改变了管理会计实务。虽然管理会计更加重要，但是，管理会计师和管理会计的职能却在削弱。随着越来越多的人员积极地参与到成本管理过程中，管理会计师和管理会计的职能需要发挥支持性和监控性作用。 |
| 查普曼 | 1997 | 在快速变化的条件下，会计系统无法更快地实现最优。因此，在决策过程中，必须考虑操作层面，不是进行编码，而是嵌入其原始形式。 |
| 爱森梅尔等 | 1997 | 对概要结果的关注导致更多地使用会计和其他定量的控制方法。 |
| 黑尔登等 | 2001 | 竞争压力导致引入业务单元，这些业务单元对自己的成果负责，质疑业绩管理和转移定价实务。 |
| 爱森梅尔等 | 2004 | 变化的贸易环境形成的商业压力能够导致重构会计计量指标，这引发了减轻商业压力必需的变化。 |
| 布斯科等 | 2006（a） | 作为通用的组织语言，业绩计量系统处于适应变化的市场环境的核心，这需要组织内部之间的协作。 |
| 史密斯 | 2007 | 管理会计系统必须能够对难以预料的市场变化作出反应。 |
| 阿卜杜勒－卡德、卢瑟 | 2008 | 管理会计的复杂程度不同，这主要归因于包括环境不确定性、客户权力等在内的一系列因素。 |
| 战略和风险活动对市场变化作出反应 | | |
| 西蒙斯 | 1995 | 竞争的环境需要作出反应。这引发了对交互控制系统的需求，该系统将组织的关注点集中在战略不确定性上，并促进形成新战略（如盈利计划系统）和首创精神。 |
| 弗劳德等 | 2000 | 用来认定和实施行动的、可导致长期股东价值增长的财务指标的有效实施受到市场的内在竞争的制约。 |
| 博兹、阿伦、哈密尔顿 | 2006 | 在过去的几十年里，首席财务官的作用发生了显著变化，现在需要驱动组织的全面风险管理规划，该规划涉及范围广泛，并应考虑变化的市场环境。 |
| 威德纳 | 2007 | 战略风险和不确定性决定了如何使用控制手段。 |
| 首席财务官研究服务/特许公认会计师协会 | 2009 | 多变的经济环境意味着首席财务官更加广泛地参与并关注于战略和风险管理。 |
| 麦肯锡 | 2009 | 首席财务官认为，全球经济混乱将引发会计职能的下述持久反应：（1）持续降低成本的努力（52%的受访者）；（2）营运资金管理更加严格（48%的受访者）；（3）更加关注营运和财务风险管理（43%的受访者）。 |
| 财务人员可能更深入地参与经营活动 | | |
| 格斯特纳、安德森 | 1976 | 财务资源已经成为公司计划和战略的决定性因素，因此，与20世纪60年代晚期相比，首席财务官参与经营决策的程度更高了。 |
| 菲利普斯、罗斯 | 1996 | 引起财务职能变化的两个主要驱动因素分别是业务环境和信息技术，这就要求采用更加以业务为导向的方法。这引发下述转变：从生成数字转向与其他部门合作，更深入地参与其他非财务事项，采用战略眼光。 |
| EIU | 1997 | 全球市场的变化要求首席财务官和财务职能作出相应反应。 |
| 彭斯、斯卡朋斯 | 2000（a） | 竞争市场环境意味着会计人员要发挥多重作用，包括拥有会计知识、更深程度地理解业务的营运职能或商业过程。 |

续表

| 作者 | 时间 | 研究成果 |
| --- | --- | --- |
| 库尔马拉等 | 2002 | 为追求竞争优势，组织已经采取了网络结构和复杂的供应链。这些变化要求新的管理会计技术，例如，会计处理要公开透明、积极主动，管理会计要发挥管理职能，包括在多学科交叉的团队中工作。 |
| 首席财务官研究服务/SAP | 2007 | 财务分为两个方面：一方面是监管，另一方面是竞争和投资者预期。这种压力要求财务职能作出反应，超越狭义的财务职能。 |
| 索伦森 | 2009 | 全球竞争导致管理会计发生转变，财务专业人士越来越多地承担业务支持作用。 |
| 金融危机对财务活动如何实施产生显著影响 | | |
| 霍普伍德 | 1987 | 艰难的市场条件导致会计发生变化，但难以概括出所需要的变化。 |
| 尤思科等 | 1993 | 在危机发生时，组织放弃了正式和非正式的控制机制，而采取一种高强度的控制方式，例如实时的、高度参与的管理模式。 |
| 米安 | 2001 | 组织业绩不佳容易导致首席财务官更换和频繁的首席执行官更迭。 |
| 拉德克利夫等 | 2001 | 贸易危机导致缩减规模，会计不仅要认定需要做什么（例如，降低成本、精简、资产管理、产能利用率），而且要为这些需要做的工作提供习以为常的批准。 |
| 戈德等 | 2002 | 财务困难迫切要求引入变化，同时要求削减用入引入会计变化所需要的时间。 |
| 阿尔托、戴伊等 | 2006 | 据观察，在美国的公司里，首席财务官和首席执行官的频繁更迭充斥着重大误述。 |
| IBM | 2010 | 全球经济下滑把首席财务官们推到了聚光灯下，引起普遍关注。他们所在的财务组织不得不处理紧急的财务问题。不确定性和波动性使他们经常参与董事会关于前景、盈利情况、风险管理、战略决策等问题的探讨。结果是，首席财务官的作用日益凸显，在企业层面发挥的作用更大。 |

**表 A－4　　地域**

| 作者 | 时间 | 研究成果 |
| --- | --- | --- |
| 企业所在地，即国别差异、全球化以及两者之间的相互作用，对财务活动如何实施提供了强烈的、有时是相互冲突的影响。主要的影响有： | | |
| 合规性 | | |
| 弗里格斯登、弗瑞兰德 | 1995 | 没有证据表明社会之间的趋同迈向一种形式的治理。这主要是三个因素的职能：进入工业化的时间，国家在产权和立法方面的作用，国家精英形成的社会组织。 |
| 英格兰与威尔士特许会计师协会 | 2006 | 不同国家的合规性压力导致了不同的要求。 |
| 琳赛 | 2007 | 全球化与财务活动报告的复杂性密切相关，包括不同的公认会计原则以及与国际财务报告准则（IFRS）接轨的不同过渡期。 |
| 特许公认会计师协会 | 2008 | 国际财务报告准则的全球采用将导致监管和审计准则的全球趋同。 |
| 管理与控制系统的设计和执行 | | |
| 德米雷格 | 1994 | 通常情况下，在英国运营的日本公司较少关注财务控制系统，更多地关注稳定的产量和好的产品质量。 |
| 库波 | 1996 | 在日本公司，岗位轮换使得工程师能够接触到会计知识和业务活动的其他方面。这使得他们能够承担管理会计任务，而不再需要管理会计师。在西方的公司里，管理会计师承担着管理会计任务。 |

续表

| 作者 | 时间 | 研究成果 |
| --- | --- | --- |
| 阿伦斯 | 1997 | 在德国，会计师和会计为全套运营方案的合法化提供服务。在英国，会计师则调动会计以尽可能地影响新的建议。 |
| 布雷 | 1998 | 对哈里斯半导体企业来说，运用自上而下的方法制定操作指南在马来西亚工厂比在其美国工厂执行效果好。 |
| 卡尔、汤姆金斯 | 1998 | 同德国人和日本人相比，到美国时间不长的英裔美国人在做战略投资决策时，被认为过于依赖项目能否获得较高的最低预期资本回收率。此外，有些德国首席执行官认为其在作决策时其高级财务经理没有充分参与以确保决策的合理性。 |
| 格兰隆德、卢卡 | 1998 | 市场的全球化和全球咨询行业驱动着得管理会计实务趋于统一。另一方面，国家法律法规、规章制度、机构、文化和公司又使它们各不相同。 |
| 惠特利 | 1999 | 劳动力市场的性质对什么样的控制系统能够工作产生影响，例如，在高度集权的社会，自上而下集中式的方法工作效果良好，但在劳动技能和自治化程度较高的社会运行得却不怎么好。 |
| 邱等 | 1999 | 一国文化会影响管理控制系统的设计，也会影响雇员对不同类型管理控制系统的偏好。但是，研究也发现，二者之间的关系很难说清。 |
| 阿伦斯、查普曼 | 2000 | 英国和德国管理会计师的基本职业身份专注于共同关注，以将经济压力灌输到组织中。但是，他们会以不同的方式表达：英国人强调其市场经验，德国人则强调其提供对经济走向进行远期分析的能力。 |
| 库尔马拉等 | 2002 | 全球化压力能够促进公司转向网络化运营模式，尤其是在公司进行业务外包时。这强调了成本管理的重要性以及在进行业务外包时网络中成本透明的重要性。这难以实现。 |
| 舍纳尔 | 2003 | 国家文化与管理控制系统如何设计紧密相关，但并不能得出明确的结论。 |
| 尤尔特、瓦根霍费尔 | 2007 | 德国管理会计的一个明显特征是其与财务会计相分离。这种做法的优势在于允许独立研发复杂的系统，缺点在于可能导致出现不同的盈利数字。现在，有压力要求财务会计和管理会计进行较大程度的趋同。 |
| 邱等 | 2007 | 中国自1978年实行开放政策以来，其管理会计实务越来越得到现代管理会计应用的认可。自1997年以来，由于市场化和私有化程度的提高，采用管理会计的步伐加快了。 |
| 埃森哲 | 2008 | 全球化加剧带来应对日益提升的复杂化程度、竞争和成本控制的压力增大。 |
| 布斯科等 | 2008 | 旨在实现全球统一努力的全球业绩管理系统与来自各个决策中心的反作用力二者之间存在矛盾。 |
| 查那格 | 2008 | 国家文化和宏观经济背景对管理会计变化如何实施以及能否取得成功有影响。 |
| 德勤会计师事务所 | 2008 | 生产、分配、供应商和消费者的复杂网络使对财务活动进行统一评估和追踪非常困难。 |
| 多西、帕泰利 | 2008 | 对不确定性、国际化压力、子公司参与和子公司规模的文化容忍度使得业绩管理系统对决策的影响力更大。 |
| IBM | 2008 | 对全球化的相互依存市场作出反应，通常允许财务活动根据特定准则和当地偏好进行操作，虽然这通常并不是最好的办法。 |

续表

| 作者 | 时间 | 研究成果 |
| --- | --- | --- |
| 霍夫扬等 | 2009 | 管理会计的差异因文化而产生。例如计算利润的方式不同，英语为母语的国家使用总分类账，而德国使用独立的成本核算体系。而且，会计在德国作为一门学科来教，但在讲英语的国家则是作为一种职业。 |
| 财务部门和财务信息的相对重要性 | | |
| 巴德等 | 1982 | 对于英国和西德公司来说，高盈利和高增长其首要目标。虽然存在差异，但并不清楚这种差异是来自于文化因素还是因为别的原因。例如，德国企业通常比较成功。 |
| 拜马尼 | 1994 | 文化差异对会计信息如何评价和解读有影响。 |
| 爱森梅尔等 | 1997 | 会计在美国不如在英国那样处于核心地位。 |
| 弗劳德等 | 2000 | 财务的范围受到结构性障碍和国家经济间体制差异的限制。 |
| 瓦莫希 | 2000 | 社会主义国家和西方资本主义国家的管理会计之间既有相似之处又有区别例如，成本核算的作用是一样的，但是在以前的社会主义国家的组织中，现金流量则是一个新学科。 |
| 拉斯库等 | 2006 | 同美国相比，波兰的财务和会计的相对影响力强于市场营销，这是因为波兰是计划经济国家。 |
| 瓦希鲁、扎斯卡拉基斯 | 2009 | 总的来说，虽然希腊、美国和欧洲公司的组织特点有所不同，但是，在财务经理决定资本结构问题时，这并未影响他们思考问题的方式。 |
| 埃森哲 | 2008（a） | 国际化为财务职能的提升提供了机会，可以利用多种信息来源，可以接触更多有技能的、各种各样的职员和领导，拥有更多的获取资源的机会。 |
| 英国特许管理会计师协会 | 2010（a） | 在西方，财务专业人士在传统的财务记录和报告之外还能发挥额外的作用，这已经成为一种趋势。从这个意义上讲，西方走在了东方前列。这可以归因于起点不同、组织结构形式不同、制造业和服务业的融合不同以及文化环境不同。 |

**表 A－5　　信息技术驱动因素**

| 作者 | 时间 | 研究成果 |
| --- | --- | --- |
| 信息技术的不断发展可能对财务活动的实施带来革命性影响，同时提供了持续的挑战。这些影响包括： | | |
| 交易处理所需要的资源减少 | | |
| 哈丁 | 1963 | 计算机的使用能够较大地改进财务工作的效率。 |
| 管理会计师协会 | 1997 | 需要重新设计财务职能，以便有效地利用信息技术，节约交易处理成本，同时使管理能够更深入地参与决策支持和战略制定。 |
| 安永会计师事务所 | 2003 | 通过统一技术标准、简化处理流程、合并和减少冗余资源大，世界一流的财务职能花费在交易处理上的时间大大减少。 |
| 毕马威会计师事务所 | 2008 | 在过去的 20 年里，技术已经成为推动业务和财务职能转变的唯一最大原动力。它减少了交易处理的工作时间，使任何地方都可以成为工作场所，同时实现信息实时交换。 |
| 对管理与控制活动来说，改进信息收集和分析的潜力 | | |
| 德鲁克 | 1990 | 运用传统会计方法实现生产自动化遭遇了失败，这导致研发新的成本会计核算技术。因为传统会计方法没有带来降低非生产时间、改进质量的收益。 |

续表

| 作者 | 时间 | 研究成果 |
| --- | --- | --- |
| 戴维斯、阿尔伯特 | 2000 | 这个案例表明，新的信息技术既驱动组织变化，又为组织选择提供了便利。对会计的影响表现在减少了员工数量和工作流程。部分证据表明，保留的会计人员能够从事更多的分析性工作。 |
| 斯卡朋斯等 | 2003 | 信息技术的发展，特别是能够通过信息存储满足不同用户需求的数据库技术的发展，以及能够易于获取组织信息的技术的发展，导致管理会计师的作用发生了重大变化。有证据表明，管理会计师正成为管理团队中不可或缺的成员。 |
| 斯卡朋斯、加扎耶日 | 2003 | 企业资源计划系统的引进助长了业已存在的一些变化，包括管理会计从日常工作中解脱出来，生产线管理人员会计知识的增加，管理会计师的信息更具有前瞻性、作用更加广泛。 |
| 梅斯 | 2006 | 技术变化和全球化缩短了业务模型的寿命，这表明财务工作的作用已经超越了对新机会和风险进行评估而扩展到对复杂的经营和新业务风险进行管理。 |
| 卡季米尼 | 2008 | 在建立一套综合业绩管理框架过程中，一体化的信息技术和能干的职员是关键因素。强调全球化的总数据和规章文件的国际的、标准化的、集成化的财务和控制活动，应当支持灵活的公司业绩管理。这会导致淘汰财务和控制组织中直线型的思考方法，从而采用集成化的工作方法。 |
| 格拉布斯基等 | 2008 | 企业资源计划系统的实施对于管理会计师的作用有着重要的、但是变化的影响。这些影响包括数据收集的时间减少了、数据分析的时间增多了、更多地参与决策、更加注重内部报告、更加注重树立标杆。 |
| **通过信息传播，财务人员的作用发生了变化** | | |
| 霍普伍德 | 1987 | 不同的信息技术为会计从业人员在当地和组织中的重要性不断转变创造了潜在空间。 |
| 国际信贷银行 | 1992 | 首席财务官已经意识到，为成功发挥作用，财务部门需要引入新的技术和工作方法进行重组以确保财务部门完成新使命。 |
| 库姆斯等 | 1992 | 信息技术系统改变了文化、控制与竞争。 |
| 菲利普斯、罗斯 | 1996 | 信息技术是财务职能发生转变的一个重要驱动因素。但是，在英国，很多财务职能没有利用这一潜在的机会更多地整合到业务活动中。 |
| EIU | 1997 | 信息管理技术的不断革新给首席财务官创造了重新安排所控制的人力资源、流程和技术的机会。 |
| 爱森梅尔等 | 1997 | 大型数据库的信息技术处理能力不仅为财务人员提供了拓宽监控组织活动范围的潜力，而且，随着报告编制时间的减少，也为财务人员提供了花费更多时间从事包括财务计算在内的新的计算的潜力。同时，也存在大幅度减少财务人员数量的空间。信息技术发展提升了以下质疑，即作为与众不同实务的管理会计，在与众不同、无处不在实务工作者的情况下，管理会计师能够走多远？ |
| 格兰隆德、卢卡 | 1998 | 先进的信息技术和生产技术（如企业资源计划系统）驱动着管理会计实务进行趋同。 |
| 加扎耶日、霍伯 | 1999 | 引进世界一流的生产流程和相关的财务系统变化对财务职能产生了复杂影响。一方面，财务会计和预算控制系统根据仍生效的会计进行运行，产品成本系统并没有发生变化以嵌入以作业为基础的驱动因素。另一方面，伴随着生产人员承担了成本管理职责，会计部门的影响在明显下降。 |

续表

| 作者 | 时间 | 研究成果 |
|---|---|---|
| 彭斯、斯卡朋斯 | 2000（a） | 信息技术的进步，尤其是数据库系统的兴起，使得会计知识不再居于核心地位。这导致会计人员更深入地参与到生产经营活动中，同时，通过为商业活动提供指导也使得会计人员成为多面手。 |
| 布鲁斯等 | 2001 | 信息技术系统使得营运人员（在本案例中指导航员）能够参与到飞机生产的实时成本管理中。管理会计师个人是否在这项革新中发挥重要作用是很值得怀疑的。 |
| 卡利奥 | 2003 | 对会计人员来说，采用企业资源计划系统对其产生的影响是不确定和不稳定的。在本案例中，其结果是，会计人员发挥了多重作用（包括业务管理、战略思想和信息技术），改进了对其专业技能的认同。 |
| 奎特隆、霍伯 | 2005 | 企业资源计划系统具有改变总公司和分散子公司之间关系的潜力。在一个案例中，企业资源计划系统没有改变组织结构，但是逐渐改进了总部控制的流行实务。在另一个案例中，企业资源计划系统打破了职能部门的障碍，缩短了职能部门的距离，因为可以从不同方位获取输入和信息，就像他们说的“现在每个人都是会计师了”。 |
| 欧·唐奈 | 2004 | 新兴的电子商务技术将对首席财务官的作用产生影响。他们是否能够获得权力或将权力转给首席信息官仍旧是个问题。 |
| 耐威瑞斯等 | 2008 | 管理会计部门承受着来自复杂信息技术系统和其他供应商的威胁，但是本研究提供了管理会计部门对业绩有正向影响的证据，从而使得管理会计部门对变种威胁有抵抗力。 |
| 引进新系统带来的问题或者信息技术缺点 | | |
| 毕马威会计师事务所、澳大利亚皇家特许会计师协会 | 2001 | 虽然企业资源计划系统得到普及，但是，很多组织还没有实施，以便充分发挥企业资源计划系统对组织的价值。 |
| 财务总监研究服务中心、卡季米尼、安永会计师事务所 | 2002 | 不恰当的信息技术系统阻碍了财务转型，交易处理工作使得财务工作陷入停顿。 |
| 格兰隆德、马尔米 | 2002 | 到目前为止，企业资源计划系统尚未对管理会计产生影响，管理会计仍然作为一个独立的系统运行。原因可能是职能方面的或者经济方面的，比如整合问题、复杂性、适度的功能、界面问题。 |
| 财务总监研究服务中心、博兹·阿伦·哈密尔顿 | 2004 | 作为“增长领航员”或者执行大师的首席财务官看到的是过时的企业情报、缺乏具有前瞻性的计划能力和碎片化的技术，这些障碍使得首席财务官很难实现自己的财务目标。 |
| 德肖、穆里森 | 2005 | 在企业资源计划系统没有覆盖的地方，其控制系统的影响能够产生盲点。企业资源计划系统是共享资源，不是会计职能的私有财产。 |
| IBM | 2005 | 组织结构的复杂性、碎片化的信息系统和标准化的缺失形成了“真理的不同版本”，这伴随着手工数据的协调和信息的无效作用阻碍了财务影响决策和传递见解的能力。 |

续表

| 作者 | 时间 | 研究成果 |
|---|---|---|
| 德勤会计师事务所 | 2008 | 对改进业绩来说，缺乏最新的信息用于战略和营运目的以及不恰当的流程和数据标准是主要障碍。在克服这些障碍方面，财务工作能够发挥关键性作用。 |
| 财务总监研究服务 | 2008 | 许多组织仍在为如何使用来源完全不同的过去遗留下来的系统大伤脑筋。这些系统有时是用20年前很难懂的计算机语言构建的，或者需要依靠手工将信息输入一个综合数据库。为使得流程更快捷、更稳定、更流畅，这些组织需要改进流程。 |
| 英国特许管理会计师协会 | 2008 | 企业资源计划系统使得会计人员整日忙于使用电子表格编制报告和进行专门分析。不过，企业资源计划系统的供应商正在克服这些缺陷，帮助会计人员解脱出来，并成为财务合作伙伴或者业务合作伙伴。 |
| 英国特许管理会计师协会 | 2009 | 诸如过时的、不灵活的、集成较差的系统（需要人工调整）或者缺乏信息技术的战略视角等软件问题，是管理会计职能遇到的主要问题之一。 |

**表 A－6　　　　　　　　　　　　行业驱动因素**

| 作者 | 时间 | 研究成果 |
|---|---|---|
| 行业之间的差异会影响财务活动如何实施，特别是在管理与控制、战略与风险方面 | | |
| 伯切尔等 | 1980 | 行业特征产生的因果确定性水平会影响会计实务的作用。 |
| 汉布里克 | 1981 | 借助其职能领域或监控行为的优势，财务经理有较大权力，得以处理行业环境对其施加的占有主导地位的要求。在成本控制是主要需求时，会计经理的权力更大。 |
| 古尔德、奎因 | 1990 | 在面临紊乱的、多变的环境时，与面临更稳定、更成熟环境的业务管理人员相比，业务管理人员通过战略控制得到的收效甚微。 |
| 洛利 | 1993 | 在制造业和服务业之间，管理会计实务是有差别的。在制造业，产品可以量化，而服务业的特点是产出没有标准、不存在常规技术、操作程序很少重复。因此，服务业更不容易通过管理会计进行控制。 |
| 庄 | 1996 | 在任务高确定性情况下，使用范围广泛的使用管理会计系统会促进有效决策；在任务低确定性情况下，则会造成信息超负荷。 |
| 布瑞格纳尔 | 1997 | 成本和业绩管理系统的使用及其性质，取决于竞争环境、选择的使命和战略和服务处理类型之间的相互作用。 |
| 惠特利 | 1999 | 活动的多样性和变化的频率对如何开发控制系统有影响。 |
| 布里格纳尔 | 2001 | 恰当的控制设计类型取决于需要控制活动的性质。活动可从三个角度进行定义：可程序化的程度、资产专业化的程度、受过去信息影响的强度。 |
| 陈纳尔 | 2003 | 通过审视以前的研究结果，针对管理控制系统如何更好地适应特定的经营环境特征，有以下三种观点：（1）标准化的流程产生标准化的控制；（2）任务的不确定性带来更多的非正式控制；（3）相互依赖性带来更多的非正式控制系统。 |
| 财务总监研究服务、博兹、阿伦、哈密尔顿 | 2005 | 对于首席财务官或财务团队采用的方法而言，行业状况条件是一个主要驱动因素。成熟的或者成本高度固定的行业需要"执行大师"；被扰乱的行业需要"能够医好他的大夫"；高增长、发展空间大的行业需要"增长领航员"；受市场变化影响的行业需要"企业改革者"。 |

续表

| 作者 | 时间 | 研究成果 |
|---|---|---|
| 德意志银行 | 2006 | 对于高速增长、非投资级别的公司来说，财务职能能够给公司带来很大的增值。 |
| 佐尼、莫切尔特 | 2007 | 参与决策制定的财务主管与某些环境变量正相关，包括资本密集程度、经营相互依存度、生产线管理人员的财务技能、战略计划和预算编制的正式程度。 |
| 阿卜杜勒－卡德、卢瑟 | 2008 | 管理会计的复杂性增加，明显与以下因素有关：环境不确定性增加、顾客权利、分散、规模、使用先进制造技术、全面质量管理以及零库存管理。 |
| 杨 | 2008 | 在采用不同的工作系统方面，组织会模仿同行。 |
| 麦肯锡 | 2009 | 制造业的首席财务官更容易成为“价值管理者”，而在金融服务业，财务人员更多地关注交易。 |
| 英国特许管理会计师协会 | 2009 | 通常情况下，制造业和金融服务业比其他服务行业和公共部门更多采用管理会计工具。 |
| 拜马尼、布罗米奇 | 2010 | 对于以广告收入为基础的互联网行业，收入和成本变化的情况与传统行业明显不同。管理会计师在分析似是而非的收益机会方面发挥作用，而这些机会与基本的互联网产品没有太大联系。 |

**表 A－7　　会计列报驱动因素**

| 作者 | 时间 | 研究成果 |
|---|---|---|
| 财务信息和会计报告仅能提供组织的一部分真实情况 | | |
| 会计报告建立在未来结果不确定性假设和收入成本合理分配的基础上 | | |
| 摩根 | 1988 | 会计人员通常从一个角度对现实进行构建。在会计学中，客观性的思想在很大程度上只是个虚无缥缈的东西，并且阻碍该学科未来兴趣发展的方向。 |
| 费伦 | 1997 | 因为未来是不确定的，因此，建立在未来假设基础上的财务技术是不可靠的。财务技术需要管理判断和战略思想来补充。 |
| 斯威尼 | 2000 | 会计报告由关于未来的假设来决定。 |
| 马特西奇 | 2003 | 从实证主义的角度，会计报表天生就不可能是真实的，因为会计报表不可避免地依赖对期间的主观分摊。 |
| 琳赛 | 2007 | 更为复杂的工具使得难以准确描述企业的情况，建立业绩指标。 |
| 史密斯 | 2007 | 考虑到期间分析、成本中心分摊和确认问题，财务报告的有效性天生是不确定的。 |
| 穆尔 | 2009 | 会计内在的矛盾性和局限性表明，无法通过以计量为基础的底线项目来描述经济现实。各种现象间相互依赖的性质妨碍了正确的计量方法。 |
| 普里迪 | 2010 | 即使最基本的财务报表也会因为关于无法预期未来的假设而坏透了。公司的报表是以持续经营为基础编制的。这进一步引出了准备金和减值假设、有用经济寿命假设、长期合同和在产品的价值假设以及最有争议的退休后收益假设。所有这些假设都建立在对于混合的、折现的未来进行集中化和危险性的简单化的基础上。 |
| 财务职能在运用会计准则、制定组织特定假设以创建工作确定性的方式方面存在差异 | | |
| 海因斯 | 1988 | 通过财务会计报告沟通真实情况，现实情况就构建出来了。 |
| 麦金塔等 | 2000 | 会计已经变得超真实，并且自我证明。但是它确实透露了部分一致性和预测性，因此可以依靠它获得一些真实结果。 |

续表

| 作者 | 时间 | 研究成果 |
| --- | --- | --- |
| 伍特斯、霍达斯当克 | 2002 | 虽然会计丧失了经营知识的丰富内容，但是，会计还为决策制定提供了一种通用的信息量化指标。 |
| 穆克 | 2004 | 会计准则和游戏规则是类似的，因此，会计人员通过隐含的信息能够了解如何玩游戏。会计仅能提供财富和财富变化的模糊指标。因此，准则制定者不得不持续的修订规则，以确保会计报告位于可接受的现实范围内。 |
| 安东等 | 2007 | 会计文献是通过有条件的、实验性的方法编制出来的。作为一种“知识类物体”，会计天生是不确定的，反映部分和变化着的“实体”，被多样化的、变化着的因素的集合体不断重塑。 |
| 克南 | 2007 | 作为一种探究真理的方法，会计调查应当保留。但是，会计需求客观真理的追求，应当建立在主观性相互作用的基础上，建立在世界上相互关联的事务进行沟通的基础上。会计调查不能与政治、人类利益和需求相隔离。 |
| 史密斯 | 2007 | 利润目标能够提供单一的公司目标和业绩指标。 |
| 奥瑞克 | 2008（a） | “真理的唯一版本”这种概念是一个神话，因为“真理”是由环境决定的。通常情况下，信息经由组织结构垂直地向上汇聚，因此，它是在一定的范围内进行移动，这会形成信息无法协调，不可比较。解决这个问题的方法是水平地审视信息，这样它的使用环境就是特定的。 |
| 豪 | 2010 | 管理者主要通过使用会计信息以加深对工作环境的理解，会计信息只是众多信息来源中的一种。会计信息主要通过交流而不是通过书面报告而参与管理工作。 |

**表 A-8　　管理与控制技术**

| 作者 | 时间 | 研究成果 |
| --- | --- | --- |
| 管理与控制活动如何实施强烈地受到用来进行分析、预测和报告财务信息的技术类型的影响。两大技术类型分别是： | | |
| 使用技术的类型对管理与控制活动如何实施有影响 | | |
| 罗宾斯、福斯特 | 1957 | 运用管理会计技术（例如盈亏平衡分析）可以帮助制订盈利计划。 |
| 约翰逊、卡普兰 | 1987 | 作为对特定行业因素和历史发展的反应，管理会计技术多年来一直在不断发展。以财务报告为基础生成的管理报表导致财务报告变得不恰当。会计系统需要满足三项功能：（1）外部财务报告；（2）短期经营控制；（3）长期产品成本核算。 |
| 米勒、欧里瑞 | 1987 | 因为会计表明了科学的管理哲学，预算和标准成本法在 20 世纪早期出现了。管理哲学将个人作为可控制之人来看待。 |
| 弗莱施曼、帕克 | 1990 | 成本会计在资本主义早期作为一门学科出现了，成本会计覆盖了支出控制、部门成本管理、管理费用分摊、成本比较、决策成本、预算、预测和存货控制。 |
| 特鲁里、泰勒 | 1995 | 管理会计实务的基石是以月度报表为基础的财务会计。全部成本法广泛用于决策，但是它的有效性通常没有被证实。 |
| 霍恩格伦 | 1995 | 管理会计在过去 30 年里取得了三项重要发展，贡献报告、零基预算和作业成本（ABC）。但是，对联系因果关系的成本体系的研究永远不会停止。在简单化的需求和处理复杂化之间需要寻找平衡。 |
| 特鲁里、泰勒 | 1997 | 调查证据表明，许多公司对财务会计和管理会计采用相同的存货估价方法，即便这不会提供内部分析指标。这样做的主要原因是公司希望内部报告和外部报告保持一致。 |

续表

| 作者 | 时间 | 研究成果 |
| --- | --- | --- |
| 弗里德曼、莱恩 | 1997 | 作业技术的出现有可能改进管理会计提供信息的实用性。这可能出现两种结果，一是管理会计师更加以业务为导向；二是管理会计师将会被非会计人员所取代，如果这些技术能被其他学科吸收的话。 |
| 琴霍尔、朗费德－史密斯 | 1998（a） | 伴随着使用中的变化和意识到的收益，会存在许多管理会计技术。 |
| 米勒 | 1998 | 会计是许多理论和计算实务的集合，这些理论和计算实务是在其他背景下为其他目的发明出来的。现在认为处于会计核心的实务在以前处于边缘，今天认为处于会计边缘的实务在未来可能处于会计的核心。 |
| 齐默曼 | 2001 | 经验型的管理会计文献没有形成知识的坚实累积体。 |
| 克鲁尼·琼斯、达格代尔 | 2002 | 作业成本就是新的管理会计思想如何由具有管理知识企业家开发出来的一个示例。这些思想可能并不是聪明的连贯在一起，因此就分割成许多竞争性的、相互矛盾的实务。 |
| 迈耶 | 2002 | 以作业为基础的盈利能力分析是组织业绩的最佳计量指标，因为它克服了多种多样的、通常相互矛盾的非财务计量指标所带来的问题。 |
| 爱森梅尔、彭斯 | 2005 | 作为在主要零售商中引入经济增加值的结果，有证据表明在财务管理者和购买方、商家之间的紧张是如何产生的。 |
| 鲍恩斯、爱德华兹 | 2007 | 计算技术已经用于计划、决策和控制几个世纪了。但是，会计工具和技术的准确性质在这些年发生了很大的变化。 |
| 欧洲首席财务官研究 | 2007 | 阻碍财务专业人士向业务伙伴作用进行转化的一个因素可能是决策制定者所需要的管理信息的多样化。 |
| 索伦森 | 2009 | 作业成本、战略管理会计和平衡积分卡的应用，提升了会计人员参与到业绩管理的各个方面。 |
| **部分组织已经研发出较大程度融合的财务和非财务指标，其目的是改进业绩** | | |
| 约翰逊 | 1992 | 非财务业绩指标需要取代会计指标以作为主要的信息来源，并需要实时地提供给执行经营活动的人。 |
| 阿格拉沃尔等 | 1998 | 成本管理系统必须实现两个目标：应对国际竞争和持续改进。一个综合性的系统应当包括作业成本、全面质量管理、零库存法和流程优化。 |
| 尼尔森、拉普 | 1999 | 流水线生产的引入降低了对计划和协调的需求。需要十分强调简化控制系统、使用非货币信息。这样做的部分原因是，在不确定性的环境中，围绕货币数据专门构建的控制系统不可靠。 |
| 阿米尔 | 2000 | 市场数据是财务信息和非财务信息的集合体。除非大公司有专门的部门，否则，只有财务部门能够现实地把两者综合在一起。 |
| 李利斯 | 2002 | 设计一整套完整地财务和非财务业绩指标的困难阻碍了作为战略实施先行者的工程生产管理系统的有效性。 |
| 布斯科等 | 2006（a） | 非财务业绩指标的应用与企业财务相联系，强化了组织的一致性。 |
| 富勒顿、肯尼迪 | 2008 | 偏会计技术的使用导致财务活动内容和影响力的变化。这包括使用更多的偏会计工具、拥有更多经过综合训练的工作团队、在工厂车间使用更直观的工作演示、更加简约的会计处理流程、较少地追踪工时和管理费用分摊。 |
| 德戈伊泽尔等 | 2009 | 有证据表明平衡计分卡对组织业绩有正面影响。这是通过将战略更好地转化为经营术语而实现的。事实是战略化成为一个持续的过程，组织的不同流程、服务、竞争力和各个单元更加统一。 |

**表 A－9　　合规驱动因素**

| 作者 | 时间 | 研究成果 |
| --- | --- | --- |
| 合规活动直接受外部规章的驱动，对其他直接相联的财务活动有决定性影响 | | |
| 规章的重要性决定了合规活动的重要程度、复杂性和技术要求 | | |
| 萨特 | 1983 | 除了发挥业务支持作用外，财务职能应确保遵守由政府部门和监管机构制定的特定政策、流程和标准。 |
| 英格兰与威尔士特许会计师协会 | 1993 | 公司治理的重要性增加了复杂性。 |
| 谢里登 | 1998 | 规章是财务职能发生变化的一个主要驱动因素。 |
| 安永会计师事务所 | 2003 | 股东、非管理人员、规则制定者和政府部门要求的增加，包括萨班斯—奥克斯利法案、希格斯和史密斯观点的引入，是财务职能面临的主要挑战。 |
| 加拿大国际财务总裁协会 | 2005 | 研究结果表明，在2005年的最大挑战是合规，虽然以前的三年时间里并不这样认为。 |
| 安永会计师事务所 | 2006 | 在过去的五年里，公司治理已经成为首席财务官职能转变的主要驱动因素。 |
| 梅斯 | 2006 | 萨班斯—奥克斯利法案增加了规章制度的要求。规章制度的变化使得首席财务官与审计人员的关系变得更加困难，与董事会的联系更加紧张。 |
| 首席财务官研究服务/SAP | 2007 | 财务活动分为两个方面：一方面是规章制度，另一方面是竞争和投资者的预期。财务活动必须对这两方面的压力作出反应。 |
| 德勤会计师事务所 | 2007 | 日益增加的财务报表重述表明，财务部门越来越关注于会计、报告和合规性。 |
| 卡季米尼 | 2008 | 公司治理仍然最重要。 |
| 安永会计师事务所 | 2008 | 最能引起首席财务官职能发生转变的因素是日益增加的监管要求、董事会和监事会的期望、公司治理义务和风险管理。 |
| 财务丑闻增加了对合规重要性的关注 | | |
| 国际信贷银行 | 1992 | 由于股东参与意识增强（尤其在美国）、对执行补偿的争议、管理人员与银行的良好关系、许多公司利润业绩不佳以及许多管理人员希望克服短任期的愿望，这些都增加了公司治理的重要性。对此作出的反应包括强化投资者关系部门和审计委员会、与主要股东进行沟通。 |
| 首席财务官研究服务、安永会计师事务所 | 2002 | 会计丑闻和经济衰退驱动着报告的准确性。 |
| EIU | 2006 | 合规是一个长期挑战，非常耗时。企业丑闻导致投资者要求首席财务官投入更多时间。 |
| 毕马威会计师事务所/澳大利亚皇家特许会计师协会 | 2007 | 日益关注战略的首席财务官因安然公司影响而打断，这迫使首席财务官关注管理工作。在2007年，这达到了一个更加平衡的状态，即管理工作和战略发展、价值增加职能获得同样关注。 |
| 毕马威会计师事务所 | 2008 | 安然事件导致更加强调控制和风险管理。 |
| 规章制度对管理与控制、会计活动有影响 | | |
| 约翰逊、卡普兰 | 1987 | 生成满足财务会计要求的外部报告的需求，是管理报告实务的一个主要驱动因素。 |
| 首席财务官研究服务、博兹 阿伦 哈密尔顿 | 2007 | 监管压力，特别是萨班斯—奥克斯利法案，推动着财务部门在管理员职位和财务报告方面要求更加严格。 |

续表

| 作者 | 时间 | 研究成果 |
| --- | --- | --- |
| 存在压力要求财务专业人士处理更广泛的、包括可持续性在内的监管问题 | | |
| 爱森梅尔等 | 1997 | 会计更多的参与到非财务信息流量以及其他专业人士财务意识的增强，都会对会计作为单独的职能产生威胁。但是，自相矛盾的是，在这个新游戏中，会计能否成功取决于其维持自身定位的能力，这当然是建立在外部报告作用的基础上。 |
| 毕马威会计师事务所/澳大利亚皇家特许会计师协会 | 2001 | 财务专业人士需要监督并对自然环境的日益关注作出反应，这可能导致改变投资标准、新的报告内容（三重底线）以及新的绿色税收。 |
| 特许公认会计师协会 | 2007 | 较大数量的权益相关者的监督将首席财务官的作用进一步拓展到道德和治理层面。 |

**表 A－10　　会计专业化驱动因素**

| 作者 | 时间 | 研究成果 |
| --- | --- | --- |
| 会计专业可以对财务活动产生影响 | | |
| 在世界上很多地方，财务活动的实施强烈地受到培训准则和道德规范的影响，这些准则和道德规范是大部分财务经理所在的职业团体要求的 | | |
| 阿姆斯特朗 | 1985 | 因为拥有广泛的学科和技术，会计在主要决策层面负有重大责任。这部分是因为在与其他职业竞争过程中，会计职业努力争取了管理优势。但是，在德国和日本，会计人员数量不多，在管理领域地位也不高。 |
| 罗福特 | 1986 | 19 世纪后半部分，伴随着英格兰及威尔士特许会计师协会（ICAEW）的成立，会计职业有了自己的组织。第一次世界大战后，成立了英国皇家特许管理会计师公会（CIMA），专业化转入了内部管理会计师。在英国，从事会计工作的专业会计人员对待他们的专业协会向对待他们的雇主一样忠诚。这些专业团体与管理会计的产生密切相关。 |
| 惠廷顿、惠普 | 1990 | 相对于市场营销和工程专业，会计专业很成功，它发展了一个既能提供技术能力又能提供理论可信度的专业机构。 |
| 马修斯等 | 1998 | 在英国，对于在企业工作而言，会计资质已经成为一个主要的职业准备。 |
| 杰克森 | 2004 | ICAEW 最基本的规则有诚实、客观、能力、表现、礼貌。 |
| 国际会计师联合会 | 2005 | 在企业的职业会计人员必须遵守诚实和道德的要求。 |
| 管理会计师协会 | 2008 | 管理会计是制定和执行组织战略必不可少的一个专业学科。 |
| 安德森、沃克 | 2009 | 像 ICAEW 这样的组织已经成为英国专业风景中的重要参与者，它们在许多地区对会计机构和会计专业思想体系的建设产生重要影响。 |
| 会计专业得到了巩固，并继续扩展它的影响 | | |
| 格兰隆德、卢卡 | 1998 | 管理会计专业化、大学教育和科研驱动着会计实务的趋同。 |
| 兰伯特 | 2002 | 对于从事财务职业来说，职业资质非常重要。 |
| 福格蒂等 | 2006 | 会计业界寻求将其实务领域拓展到技术技能限制之外的领域。 |
| 职业监管委员会 | 2006 | 以英国为基础的会计职业团体的会员数量在 2000 年到 2005 年间有所增加，女会员占的比例也有所增加。 |
| 陈、常 | 2009 | 在中国快速发展的经济中，公共会计专业逐渐发挥着重要的、不可缺少的作用。 |
| 斯帕达 | 2009 | 包括会计职业在内的职业，对英国经济来讲至关重要。 |

续表

| 作者 | 时间 | 研究成果 |
| --- | --- | --- |
| 相反，存在来自规则导向的规章制度和对雇主而不是职业团体更忠诚的挑战 | | |
| 科恩等 | 2002 | 会计人员和其为之工作的组织之间的联系是复杂的且不断发生变化。 |
| 特许公认会计师协会 | 2008 | 越来越多的规章制度可能导致职业判断的缺失，从而让位于规则导向。 |

**表 A－11　　所有权驱动因素**

| 作者 | 时间 | 研究成果 |
| --- | --- | --- |
| 所有者和那些对组织负有责任的人对财务活动如何实施有重大影响，细节方面包括： | | |
| 满足并管理财务预期有压力 | | |
| 德莫拉克 | 1995 | 首席财务官认识到，资本市场压力越来越多地将其导向短期业绩评估，但是，他们也不认为他们所在的公司是以短期方式进行运营。 |
| EIU | 1997 | 全球化带来的潜在机会使得投资者追求更大利润，财务职能必须对此作出反应。 |
| 格林尔等 | 1998 | 资本市场关注所报告的盈利，使得英国大型公司的首席财务官在观念和行为上成为短期主义者。 |
| 弗劳德等 | 2000 | 机构投资者并不都是这样。风险资本提供者和个别专家关注短期收益，而养老基金和保险公司则追求可预期的中期收益。投资者的期望和管理层能够提供的利润之间的差异，就导致变化的产生。 |
| 首席财务官研究服务、安永会计师事务所 | 2002 | 首席财务官不得不处理组织对即期收益的需求，实现低投入高回报。他们需要减少交易处理成本，同时提高决策支持和战略活动的有效性。 |
| 佐恩 | 2004 | 从 1963 年到 2000 年的期间，美国公司里首席财务官的影响力有所提高。最初参与处理各种不同资金来源带来的问题，从 1979 年起他们致力于解决盈利要求威胁到会计准则改变的问题，现在他们的作用不断扩展到对股东和股价进行管理上。 |
| 梅斯 | 2006 | 资本市场的需求已经强烈地要求首席财务官与投资者进行沟通。 |
| 索耶斯 | 2008 | 市民要求解释数据的压力非常耗费时间。 |
| 所有者干涉财务活动的程度各不相同 | | |
| 霍普伍德 | 1987 | 所有者的战略意图和方法影响了财务活动开展的方式和作用发挥。 |
| 惠特利 | 1999 | 内部股东和所有者的管理程度对控制系统如何研发有影响。 |
| 科里尔 | 2005 | 所有者和经营者的社会控制在控制系统的研发和实施过程中至关重要。 |
| 达维拉 | 2005 | 外部投资者的存在是管理控制系统出现的一个驱动因素。 |
| 首席财务官研究服务、SAP | 2007 | 投资的更高期望、竞争压力和生产线管理者的需求，使得财务经理在企业战略的构建、确认、监督、确保实施方面发挥更加积极的作用。 |
| 所有权变化的影响 | | |
| 琼斯 | 1985 | 在收购公司后，使用会计控制对被购公司的经营有重要影响。一些不恰当的改变，例如过于正式的预算流程、过于关注内部信息而不是关注如银行等利益相关者的外部关系，产生了大量的不良影响。 |
| 尤思科、瑞克伯尼 | 1999 | 关于现存所有权系统如何变化的证据能够用来实现不同的结果。 |
| 尼尔森、拉普 | 1999 | 收购结束后，改善盈利的压力导致管理控制系统发生改变。 |
| 布斯科等 | 2006（a） | 在新的所有者通过会计系统发起改革时，它的效用取决于确保新系统得到信任。 |

续表

| 作者 | 时间 | 研究成果 |
| --- | --- | --- |
| 德勤会计师事务所 | 2007 | 首席财务官现在更深入地参与主导诸如并购等核心的战略事项。伴随着更多的财务报表被重述，这表明首席财务官正在重新思考他们的作用，特别是在如何管理风险方面。 |
| 诺阿兹、斯卡朋斯 | 2007 | 有证据表明，公有制类型的变化引发了管理会计如何发生变化遇到了阻力。会计变化独立于组织其他方面的变化，且仅与组织其他方面的变化有着松散的关系。 |
| **公共部门的会计责任或慈善组织社会地位的影响** | | |
| 审计委员会 | 2005 | 公共部门面临着变化着的、复杂的营运环境。考虑到与管理工作相关的特定会计责任以及对公共资金的使用，所有的公共部门都需要应对改进财务管理的挑战。 |
| 奥瑞克 | 2008 | 私人部门面临的许多驱动因素公共部门同样也会遇到。但是，特别需要注意的是，日益提升的公众期望和政府有关加强财务控制的倡议，改进了财务管理、提升了伙伴关系的工作。 |
| 公共财务与会计特许协会 | 2009 | 公共部门需要有影响力的、能够胜任的财务经理来确保公共部门的资源得到合理利用。 |

**表 A－12　　规模驱动因素**

| 作者 | 时间 | 研究成果 |
| --- | --- | --- |
| **组织规模对财务活动如何实施有重要影响，尤其是：** | | |
| **大型组织倾向于拥有更加复杂的、正式的管理与控制系统，更多地使用专家** | | |
| 钱德勒 | 1977 | 大型组织之所以得到发展，是因为管理协调机制（包括会计处理流程）、允许更高的生产率、更低的成本和更高的利润，而不是因为市场机制的调节。 |
| 萨特 | 1983 | 随着组织规模扩大、业务变得复杂，专家对于组织决策制定过程的影响力在增加。 |
| 约翰逊、卡普兰 | 1987 | 19 世纪 20 年代以后，对于采用多部门结构的大型公司的业绩来说，能够实现集中控制和职能分散的会计处理流程是必要的。 |
| 莫里斯、袁 | 2001 | 组织生命周期运动（包括诞生、成长、成熟、复兴、衰落）对管理控制系统的规范化程度有影响。 |
| 陈纳尔 | 2003 | 大型组织很可能拥有更规范化的管理控制系统、部门结构和更复杂的控制手段。 |
| 曹等 | 2005 | 在中国，组织规模与其所雇用会计人员数量之间有明显的联系。 |
| 达维拉 | 2005 | 组织规模是开发管理控制系统类型的一个驱动因素。 |
| **在小型组织，财务人员可能承担更广泛的职能，财务活动倾向于不太复杂** | | |
| 侯赛因等 | 1998 | 芬兰的小型公司没有有效的管理会计系统，也不采用诸如作业成本等新技术。 |
| 格林哈尔希 | 2000 | 本案例表明，中小企业通过采用简单的、传统的会计系统，继续处理跨国扩张带来的更多复杂性。这种方法看上去符合成本效益，同时没有任何副作用。 |
| 拜雷等 | 2002 | 英国的中小企业只是部分使用管理和控制信息。 |
| 国际会计师联合会 | 2008 | 在中小企业，财务经理通常承担人力资源管理和其他多项职能。 |
| **但是，组织规模的特定影响因其与其他驱动因素的相关作用而不总是清晰** | | |
| 钱奥德 | 1973 | 组织规模的影响需要和技术、地域、环境因素和复杂性联系起来考虑以得出有意义的结论。虽然组织规模是规范化程度的主要指示器。 |

续表

| 作者 | 时间 | 研究成果 |
| --- | --- | --- |
| 德勤会计师事务所 | 2000 | 研究发现，对于首席财务官如何看待他们目前的作用以及五年之内会有什么变化，在 FTSE－100 和小型资本化的上市公司之间并没有明显不同。 |
| 阿卜杜勒－卡德、卢瑟 | 2007 | 组织规模、环境不确定性、顾客权力、分散化、先进生产技术、全面质量管理和零库存管理等，能够重点解释管理会计复杂性的差异。 |
| 卡德兹、吉尔丁 | 2008 | 不存在全球恰当的战略管理会计应用，因为它们的依赖于很多复杂的因素，包括组织规模、战略类型和市场导向。 |
| 多西、帕泰利 | 2008 | 有证据表明，子公司的参与、对不确定性的文化容忍度、子公司的规模以及国际竞争压力使得项目管理系统对决策具有更大的影响力。 |

**表 A－13　　战略驱动因素**

| 作者 | 时间 | 研究成果 |
| --- | --- | --- |
| 战略重点驱动着财务活动如何实施，尤其是在管理与控制活动方面 | | |
| 通常认为，战略和管理与控制活动的兼容对组织业绩有益 | | |
| 布鲁格曼等 | 1988 | 为了确保有效，管理控制系统应当与战略相兼容。 |
| 琴霍尔、朗费德－史密斯 | 1998 | 部分证据表明，组织业绩与管理会计实务和管理技术正相关。而管理会计实务和管理技术是与战略重点是一致的。 |
| 奥特利 | 1999 | 业绩管理系统应该包含五个相互关联的要素，分别是目标、实现目标的战略和规划、任务设定、激励机制和信息反馈系统。不同类型的组织规划和战略会导致不同的控制系统架构。 |
| 尼利等 | 2001 | 重新设计规划和预算流程的主要价值在于确保其与战略相一致。 |
| 舍纳尔 | 2003 | 建议包括：（1）防御型战略与传统的、规范化的管理控制系统相联系；（2）以竞争者为重点的战略与范围广泛的管理控制系统相联系；（3）创业型战略与规范化的管理控制系统及有机的决策制定相联系。 |
| 卡季米尼 | 2007 | 通过识别真实价值的驱动因素，并将相关指标嵌入组织结构中，财务部门必须发挥领导作用。 |
| 海霍顿 | 2007 | 在以客户为重点的战略和财务业绩计量之间保持配合，改进了与客户相关的业绩（如市场占有率）。 |
| 卡德兹、吉尔丁 | 2008 | 没有广泛适合的战略型管理会计实践，因为它取决于很多复杂因素，包括企业战略。 |
| 但是，将管理与控制实务和战略相校正存在挑战 | | |
| 朗费德、史密斯 | 1997 | 对文献进行研究发现，管理控制系统和战略之间关系的理解并不清晰。 |
| 库波、卡普兰 | 1998 | 营运控制系统和作业成本系统有着根本不同的目的。营运控制系统提供关于营运效率方面的信息，作业成本系统则提供企业基本经济信息。 |
| 马尔米、艾卡海默 | 2003 | 在一些组织中，基于价值的管理战略只是表面文章，但是，在其他组织中，基于价值的管理战略既影响着决策制定又影响控制系统，并在各个组织之间表现形式不同。 |
| 亨利 | 2006（a） | 交互式的业绩管理系统能够促进战略研发，但是，诊断式的业绩管理系统则会阻碍其发展。同时采用两种业绩管理系统能够导致动荡和紧张。 |

续表

| 作者 | 时间 | 研究成果 |
|---|---|---|
| 管理与控制反馈能够嵌入战略研发 | | |
| 斯诺、瑞贝纳 | 1980 | 防御者、开拓者和研究者都具有综合管理和财务管理的技能。 |
| 希特等 | 1982 | 首要的、高水平的组织战略会显著影响特定组织职能的相对重要性。在公司追求增长、稳定或精简时，财务倾向于强大；在公司追求内增长时，财务相对不强大。 |
| 弗里格斯登 | 1987 | 在1954到1979年间，财务人员作为高层管理者越来越占主导地位。这是因为组织战略和结构的变化，以及反垄断法的变化。反垄断法促进了不相关组织的合并和相似环境中组织的相互效仿。 |
| 科利尼翁、科瓦利斯基 | 1993 | 会计实务战略控制系统的一部分。它们对环境进行诠释，指导组织以一种特别满足公司决策制定者兴趣的方式适应环境。 |
| 纳兰霍吉尔、哈特曼 | 2007 | 采用管理会计系统在一定程度上调解了战略变化和高层管理团队意见不一致的矛盾。 |
| 阿莫兹等 | 2008 | 广泛的研究发现，管理控制系统和战略研发相互作用。 |

**表 A－14　　组织结构驱动因素**

| 作者 | 时间 | 研究成果 |
|---|---|---|
| 组织结构与财务活动如何开展相互关联 | | |
| 组织结构既影响财务活动又受其影响 | | |
| 霍伯 | 1980 | 组织结构直接影响管理会计的质量、方法和使用。与财务职能的分散相关可能会带来益处，虽然这必须在成本增加和分层控制损失之间进行权衡。 |
| 霍伯 | 1980（a） | 财务职能分散与会计师和其他管理者之间更大的相互作用有关，提供的会计信息更适合管理需要。但是，不论在是集权性或是分散化的组织结构中，会计人员被动地参与管理活动都受到批评。 |
| 迪尔登 | 1987 | 利润业绩控制必须把重点放在监控管理人员能够影响到的工作方面上。 |
| 舍纳尔 | 2003 | 建议包括：（1）基于团队的组织结构与两方面有关。一是参与，二是用于衡量薪资报酬的综合业绩指标。（2）基于有机结合的组织结构则与未来导向型管理控制系统和作业成本分析有关。 |
| 戈丁 | 2005 | 部分证据表明，管理会计系统的设计已经调整，以适应组织结构和部门间的相互依存关系。 |
| 首席财务官欧洲研究所 | 2007 | 组织的复杂性（例如不同的报告系统和不同的产品线）是生成良好管理信息的一大障碍。 |
| 阿卜杜勒－卡德、卢瑟 | 2008 | 财务职能分散化的水平部分地解释了管理会计复杂性的差异。 |
| 组织结构影响着并受财务活动的影响 | | |
| 琴霍尔 | 2008 | 转而采用水平式组织结构，既为管理会计技术提供了机遇也提供了挑战。 |
| 米勒等 | 2008 | 会计和风险管理受两方面影响：组织融合的不断发展（此定义包括组织形式、实务、流程、学科）、会计技术通过与其他学科的碰撞而融合。 |
| 部门结构影响着财务职能和其他职能之间的合作与冲突的性质和程度 | | |
| 兰德斯伯格 | 1961 | 组织面临的两难处境导致组织各部门间的冲突。各部门往往在两难处境中站定一个立场，如采取灵活性或保持稳定性，考虑短期还是长期，重点放在有形资产还是无形资产，强调经济结果还是非经济价值。 |

续表

| 作者 | 时间 | 研究成果 |
|---|---|---|
| 瑞克特、沃克 | 1987 | 组织各部门间关系的有效性和冲突水平取决于一系列因素，包括责任和目标的互相重叠、沟通的性质、规范化的规则和流程以及冲突解决机制。一个特定的发现是，营销部门认为与会计部门的关系与冲突数量正相关，这可能是因为他们采取了强硬措施而获得更大的资源分配。 |
| 拉斯卡等 | 2006 | 财务、市场营销、生产和研究部门之间的关联程度（责任和信息的共享）与公司业绩正相关。与波兰公司相比较，美国公司跨部门间的协作更多。 |
| 一个可能的发展趋势是财务人员更深入地参与经营活动 | | |
| 国际信贷银行 | 1992 | 对财务效率的关注导致组织采用以系统为基础的解决方案，同时减少了不必要的工作并在经营单元范围内将某些责任转移给财务部门。 |
| 彭斯、斯卡朋斯 | 2000（a） | 采用流程结构的组织使用跨学科的团队，该团队包括拥有会计知识并对经营职能和经营业务的商业流程有深刻理解的复合型会计师。 |
| 马斯、马特克 | 2009 | 对业务单元财务主管公司控制责任的强调，与其支持本级决策制定的能力负相关。此外，由这种关注产生的职责冲突和压力可能导致数据误报的容忍度增加。 |
| 拜马尼、布若莫维奇 | 2010 | 信息技术的发展正在推动着新的灵活的、流动性的组织结构的发展，以及在全球范围内运作的商业模式的发展。为适应这种情况，管理会计师能够向业务合作伙伴方向转变，并与业务部门紧密合作以了解企业技术和营销战略。 |
| 财务激励影响着实施财务活动人的行为 | | |
| 克尔 | 1995 | 奖励制度对行为有重大影响。但是，组织通常奖励了那些不恰当的行为，而不是奖励那些组织希望鼓励的行为。 |
| 格莱特、胡丁 | 2005 | 与业绩更相关的薪酬结构并不是首席财务官有意提供虚假报告的良好指示器。 |
| 布来弗、萨顿 | 2006 | 财务激励措施对组织业绩有很大的影响力，不论是正面的还是负面的。这取决于组织是激励有效的行为还是无效的行为，吸引还是排斥恰当/不恰当的员工以及提供有关组织价值和重点的信息。 |
| 普华永道会计师事务所 | 2008 | 财务部门的奖金结构往往奖励那些临时救急的方法，而不是长期的解决方案。在财务部门的奖励与领导团队的业绩相联系时，这样的奖金结构可能导致内在的利益冲突，即财务专业人士可能不想挑战组织的收入来源。 |
| 印迪杰康、马迪卡 | 2009 | 在 2003 年和 2007 年间，上市公司的误报有所减少，部分原因是上市公司降低了首席财务官的奖金与财务业绩挂钩的比例。 |
| 业务外包和服务共享中心对财务活动如何实施有着特定的影响 | | |
| 毕马威会计师事务所 | 1998 | 由于交易处理和专家职能能够外包，同时决策支持能够融入到业务活动中，财务活动的职能可能会转移出财务部门。 |
| 库尔马拉 | 2002 | 例如，生产业务的外包对会计工作施加了额外的压力。为获取未结算往来款项的益处，会计工作需要保证成本核算的一致性。 |
| EIU | 2006 | 服务共享中心而不是业务外包可能是财务部门的未来方向。 |
| 卡季米尼 | 2008 | 在财务和控制职能中成立服务共享中心将强化首席财务官的地位。 |
| 英国特许管理会计师协会 | 2008 | 使用服务共享中心（通常在境外）以降低交易处理成本很普遍。有些组织采用外包业务流程以提高效率。 |

表 A-15 人员驱动因素

| 作者 | 时间 | 研究成果 |
| --- | --- | --- |
| 财务人员的知识、技能、兴趣和态度以及与其他职能人员的关系对财务活动如何实施有影响。这包括下列内容： | | |
| 财务人员的技能在决定财务部门的效用方面发挥着重要作用 | | |
| 西蒙等 | 1954 | 从长远来看，财务部门获得更广泛责任的程度将取决于其吸引卓越人才的能力。 |
| EIU | 1997 | 转变财务职能的驱动因素、新技术手段的利用以及新能力的获取，是对财务人员技能的加价。 |
| 库波、泰勒 | 2000 | 根据科学的管理原则，会计文员的工作越来越被淘汰。这一趋势可能也开始影响到更高级的职能。 |
| 毕马威会计师事务所/澳大利亚皇家特许会计师协会 | 2001 | 会计师需要更新自己的技能以便能够承担更多的责任。 |
| 邦德森、萨德科里菲 | 2002 | 功能多样化的管理团队在信息分享和执行方面，比其成员更为专业化的管理团队做得更好。在功能多样化的管理团队中，每个成员都拥有广泛的多方面的经验。 |
| 邦德森 | 2003 | 能够提供有价值的专业意见并与其他团队成员的功能背景类似的功能背景，将与团队工作流程的集中化和对团队决策的参与相关联。但是，强力集权将是参与决策的一个决定性的缓冲器。 |
| 国际会计师联合会 | 2005 | 企业中的职业会计师需要深刻理解公司财务、经济学和会计学。 |
| 德意志银行 | 2006 | 财务人员在维护与银行关系、债券发行、资本结构和投资者关系方面做得很好，而在营运资金管理、决策支持和风险管理方面做得不太好。 |
| 梅斯 | 2006 | 增加的工作压力和复杂性表明，首席财务官需要扩展他们的能力框架，许多组织正在从组织外部寻找合适的首席财务官。 |
| 特许公认会计师协会 | 2007 | 对财务主管要求的高级技能包括战略和经营眼光、管理知识和改进管理。 |
| 首席财务官研究服务/SAP | 2007 | 追求商业业绩和合规性的双重压力要求财务部门寻求新的和不同的技能。 |
| 史密斯 | 2007 | 评估财务人员业绩时，在确定实现的业绩水平是财务人员技能的结果还是任务的性质方面存在不确定性。 |
| 英国特许管理会计师公会 | 2008 | 商业合作伙伴的关键是财务技能和严谨的分析，而不是提供其他学科方面的能力。财务部门能够提供定量和定性的管理信息。 |
| 毕马威会计师事务所 | 2009 | 熟练的财务专业人士能够分析并有效使用商业信息。 |
| 但是，吸引恰当的有技能的财务人员有困难 | | |
| 萨迪 | 1983 | 财务主管确保合规的职责和有助于决策之间具有内在的冲突。很少有人具有有效处理这些问题所需要的技能和判断。 |
| 皮尔兹、欧迪 | 2003 | 有证据表明，管理会计师和管理人员之间存在认知差距。例如，管理会计师可能更关注技术正确性而不是组织相关性。有些管理会计师能够在职业独立性和参与决策之间保持平衡，但还存在挑战。 |
| 霍夫扬 | 2004 | 一份针对广告的调查显示，在德国，管理会计师被认为是关注成本节约的专家。他们组织良好但不灵活、被动且缺乏创造力。 |
| EIU | 2006 | 财务部门面临的技术困境是：招聘有技能的财务人员是财务职能转换的主要障碍。 |
| 德勤会计师事务所 | 2007（a） | 正在追寻具有财务计划和分析背景的财务人员，但是难以找到。 |
| 特许公认会计师协会 | 2008 | 有技能财务专业人士的缺乏表明，组织需要制订人才管理计划。 |

续表

| 作者 | 时间 | 研究成果 |
| --- | --- | --- |
| 埃森哲 | 2008 | 吸引并留住具有财务功能潜质的员工是一项主要挑战。 |
| 安永会计师事务所 | 2008（a） | 招聘有技能的财务人员是财务职能发挥作用所面临的主要挑战。 |
| 鲍德温斯道特等 | 2009 | 会计软件所技术的会计人员的形象，已经从 19 世纪 70 年代转变到今天的样子，从一个负责任的员工到一个理性的人、一个善于交流的人、一个人执行力强的人、一个企业领导人的追随者、一个放弃控制的人。 |
| 英国特许管理会计师公会 | 2009 | 管理会计职能面临的问题包括缺乏有关财务和其他领域技能的缺乏、财务投资的缺乏。不论是从会计师自身角度还是从使用者角度，也缺乏对管理会计师贡献的理解。 |
| 安永会计师事务所 | 2010 | 首席财务官对财务基本职能的掌握和其管理作用的强化，导致其作用得以拓展。但是这增加了利益冲突的可能性。例如，需要客观的声音且需要为履行操作职能而赢得资源。此外，财务职能的重大转变限制了首席财务官的战略投入。 |
| **财务部门在塑造其作用方面能够发挥主要作用** | | |
| 罗宾斯、福斯特 | 1957 | 由于财务主管愿意承担解释性责任，财务主管作用的重要性已经提升。 |
| 爱森梅尔等 | 1997 | 通过表明会计在其他专业领域（特别是与信息技术相关）的实施过程中是如何重要，会计师适应了其他学科的影响。 |
| 查普曼 | 1998 | 会计是一个持续不断的过程，而不是技术的集合。因此，参与这一过程的个人可对其发挥关键性作用。 |
| 彭斯、斯卡朋斯 | 2000（a） | 更多的积极管理会计师正在出现，他们逐渐成为业务流程范围内管理团队的组成部分。 |
| 西格尔等 | 2003 | 业务合作伙伴的实现必须是受财务人员的积极驱动，同时要求具有出色的会计技术、卓越的人际沟通能力和对商业的理解能力。 |
| 卡季米尼 | 2007 | 在不确定和复杂的商业环境中取得成功，首席财务官及其财务职能必须掌握自己的命运，决定自己的未来。面对多变的经济形势、不稳定的货币和持续的合规压力。这不容易做到。 |
| 巴克斯特、查 | 2008 | 理论和实证证据表明，首席财务官使用的方法不同于传统首席财务官使用的方法，同时调动会计技术实务以塑造其职能并发挥影响。 |
| **但是，高级管理团队在财务活动如何实施过程中也发挥着键性作用** | | |
| 查甘地、萨布哈亚 | 1987 | 来自烟草行业的证据表明，组织高级管理者的状况，包括他们的实务背景，会影响组织的战略导向。与拥有开拓者或战略分析者的组织相比，追求防御战略的组织倾向于拥有相对较多财务知识背景的管理人员。 |
| 冯克斯丁 | 1992 | 拥有财务背景的高级管理团队与经营多元化和收购活动相关。这可能是因为他们缺乏经营经验但是擅长交易以实现财务协同效应并构建必要的资本结构。事实上，管理经营多元化的组织类似于管理一个财务投资组合。 |
| 霍顿、牛鲍姆 | 1994 | 高级管理人员的经验影响着他们的经营理念和确认的战略问题。 |
| 麦乐尼 | 1994 | 在评估潜在的收购对象时，首席财务官相比公司发展主管更不乐观。此外，首席财务官更多地考虑财务问题，而公司发展主管能够在战略与财务问题上进行平衡。 |
| 阿姆森 | 1996 | 高层管理团队成员的多元化对决策制定是有利的，如果不产生感情上的冲突，不同观点会产生认知的碰撞，这是有益的。 |

续表

| 作者 | 时间 | 研究成果 |
| --- | --- | --- |
| 尤思科 、瑞卡波尼 | 1999 | 在一家意大利银行，在管理控制系统如何使用和发展方面，首席执行官的作用可能是基本要素。 |
| 布鲁斯、国际会计师联合会 | 2002 | 在访问十名首席财务官时，总是谈到信息、它的使用和影响，这是他们所谈论的关键。首席财务官的关键作用将保留，他们与首席执行官关系的关键是，是否限制影响力、作公司良心的守护者，或者作为董事会计划背后的真正战略家。 |
| 马尔米、艾卡黑默 | 2003 | 以价值为基础的管理的拥护者的影响力，可能决定着如何采用它。在以价值为基础的管理由首席财务官提出时，其他人可能不是很认同，以价值为基础的管理就不会穿透组织走很远。在首席执行官是强力支持者的情况下，情况就截然不同了。 |
| 德维拉 | 2005 | 作为组织创始人的首席执行官的更替，驱动着管理控制系统的发展，实际上是由职业经理人代替了一位企业家。 |
| 德维拉、福斯特 | 2005 | 对成长性公司而言，雇佣财务管理人员、选择管理会计系统是与首席执行官相关的。这些首席执行官具有多年的工作经验，重视计划，且在大型公司和有外部投资者的公司工作过。 |
| 凯尼拉等 | 2008 | 其成员拥有广泛实务经验的高层管理团队对公司业绩有正面影响。伴随着在同一地区办公室人员比例的增加以及环境不确定性上升，这种影响也增加了。 |
| 英国特许管理会计师协会 | 2009（a） | 企业领导应该考虑他们期望财务职能能够发挥什么样的作用。虽然关于商业合作有许多证据，但是，在大部分组织中，财务的作用并没有发生革命性的变化。虽然有证据表明会计师已经拥有更多的业务导向的作用，但是，大部分会计师还是主要从事交易记录和财务报告的工作。 |
| 直属银行集团/格兰特桑顿会计师事务所 | 2010 | 首席财务官建立人际关系的能力，尤其是与首席执行官建立人际关系的能力，对于他的成功至关重要。首席财务官被寄于希望能够质疑首席执行官，同时支持首席执行官和董事会。 |

**表 A－16　　文化驱动因素**

| 作者 | 时间 | 研究成果 |
| --- | --- | --- |
| 财务活动是与组织文化和政治相联系的 | | |
| 拜马尼 | 1994 | 财务活动受行为因素、政治诉求、机构影响力、社会与文化价值观等因素的影响，这些因素在组织内部相互关联。 |
| 马尔米 | 1997 | 诸如作业成本等会计系统潜在地改变了组织的权力分配，因此可能会引起争议。 |
| 福纳德－瑞尔塔、罗博森 | 1999 | 政治压力意味着预算流程与经营现实的分离，这样组织即使面临严重的经济困难，工厂仍能够继续合法运行。 |
| 瓦根纳等 | 1999 | 诸如权力关系、主要群体等内部影响对业绩计量系统的研发有影响。政治过程的管理、上层支持的数量、员工涉及的损益风险，都是影响营运管理系统发生变化的主要因素。 |
| 阿伦斯、查普曼 | 2002 | 虽然对会计责任和不同管理方法的争议会导致在总部业绩报告如何使用的细节方面产生大量的地区差异，但是，从广义来讲，它们将总部的战略传递给各经营单元。 |

续表

| 作者 | 时间 | 研究成果 |
| --- | --- | --- |
| 戈德等 | 2002 | 会计系统的转变经常滞后于组织的转变。管理委托、强有力的领导关系、教育重点和客户关注，都可能会减少这种时滞，要求对财务困难作出反应也可以实现这种效果。 |
| 首席财务官研究服务、博兹、阿伦、哈密尔顿 | 2005 | 首席财务官把难以对付的组织文化视作进行变革的主要阻力。 |
| 博兹、阿伦、哈密尔顿 | 2006 | 首席财务官在风险管理方面的作用增长，需要涵盖文化风险，如导向偏离的激励机制、不道德行为以及交流障碍等风险。 |
| 亨利 | 2006 | 与控制占主导地位的组织文化相比较，灵活性的组织文化将使用更多的业绩计量指标、利用这些指标调整组织注意力，从而在更大程度上支持战略决策和合法行为。 |
| 阿伦斯、查普曼 | 2007 | 组织成员通过将其注意力引向资源共享，进一步引向希望影响的结构，能够积极地重构其管理控制系统。该管理控制系统能够影响组织共有的行为标准和思想认识，同时也受其影响。 |
| 杰文帕 | 2007 | 在改变并嵌入管理会计实务方面，文化变化的涉入能够发挥重要作用。在本案例中，使组织控制权更加分散。 |

**表 A－17　　惯例驱动因素**

| 作者 | 时间 | 研究成果 |
| --- | --- | --- |
| 财务活动与组织惯例相联系 | | |
| 霍普伍德 | 1987 | 会计活动植根于组织的职能中，并和组织其他方面的职能共同存在、相互依赖，这些职能包括组织战略、架构、工作分解方法以及其他组织技术和实务。 |
| 阿吉里斯 | 1990 | 管理人员通常会制定一些防御型的策略来克服执行管理控制（如预算系统）带来的压力。因此，必须设计一些干预手段使之能够接受并与这些防御型惯例相抗衡。 |
| 沃尔什、斯图尔特 | 1993 | 不能脱离会计活动来理解组织，也不能脱离组织来理解会计活动。 |
| 西蒙斯 | 1995 | 控制的理念和范围能够提供规范化的以信息为基础的惯例。管理人员利用这些惯例来维持或改变组织行为的方式。 |
| 彭斯、斯卡朋斯 | 2000 | 管理会计的变化受组织结构和操作惯例的影响。 |
| 格兰隆德 | 2001 | 经济的、机构的以及个人的影响力与会计系统的稳定性和变化有关。案例研究发现，变化的动力包括管理需求、模仿其他组织的做法以及财务人员的意愿。但是，如果最终还是维持了原状而没有做出改变，其原因极有可能是因为现存的组织、某个主要财务经理的抵制。 |
| 黑尔登等 | 2001 | 转移定价体系仅在与其他控制系统相联系的背景下才能被理解。这些控制系统主要用于组织内部事务的协调和组织一般控制。 |
| 约瑟夫 | 2006 | 最近有证据表明，会计人员和首席财务官通过提供价值附加信息，其作用正从传统的控制作用向战略决策作用转变。不过，为了理解这种转变，必须强调会计人员在组织结构转变方面所起的辅助作用。 |
| 基尔弗里等 | 2009 | 因为日常需要，非正式的会计系统和正式系统并行发展，相互作用。 |

# 附录 B：调查结果的发展

## B.1 概述

通过以下的反复过程，我们得出下述调查结论：

- 对学术和实务操作者的研究成果进行回顾以确定与评估财务功能的作用有关的研究成果。
- 通过整合和解读研究成果以得出建议。
- 与范围广泛的学术界和实务操作者进行磋商，从而引入更多的文献资料，并推动建议得到进一步的发展。
- 作为财务职能的实务操作者，研究团队会提前理解整个流程，有效性测试在于研究结论是否得到了实务操作者的共鸣。

## B.2 文献综述

作为前面提及的交互作用的结果，本报告选择了 261 项研究结果。我们选择的学术研究结果来自于有关会计和组织的文献，这是因为这些研究结果提供了与理解财务活动和财务部门相关的成果。通过数据检索并与学术界和实务操作者进行讨论，得以确定这些研究结果。接近实务操作者的调查和报告不能以一种系统的方式进行，这是因为通常无法获取较早的调查结果。虽然我们已经包括了范围广泛的研究，但是，特别是在财务部门和管理控制之间的关系方面，还应更多地包括在内。在报告的结尾，我们提供了全部文献的索引。为更新本报告，我们欢迎将其他研究成果包括在内的建议。

文献的很大一部分告诉了我们在本报告中描述和介绍财务活动的方式。但是，我们的分析重点与 20 项调查有关，这些调查特别地研究了由财务部门、首席财务官或财务经理承担的活动。这些调查活动的主体是由领先的全球会计、咨询和金融服务组织进行的。这些调查活动均包括了与三个领域有关的问题：

- 责任：受访者或受访部门对×××活动承担责任吗？
- 重要性：受访者或受访部门认为×××活动有很高的重要性吗？
- 时间分配：受访者或受访部门把多大比例的时间分配给了×××活动？

绝大多数论文还提供了财务活动如何实施的相关证据。正如附录 A 中的表格所示，这些研究的一部分目的是为了确定在组织范围内对财务职能的作用或业绩管理与控制的性质有影响的各种因素。其他论文涵盖了更多广泛的研究议题，因此，只有少数相关因素得以考虑。

## B.3 发展建议

我们对研究结果进行了分析和整合，以确定与理解和描述财务职能以及如何组织财务活动相关的主题。最初的模式是财务活动和影响这些财务活动如何实施的驱动因素之间的所有差别。然后，这些差别再被分类、再分类。

对于财务活动来说，起点是通过对实务操作者的研究成果作出的调查反应来列示潜在的活动。考虑到时间跨度、地域分布、受访者类型和所抽样的组织，这个过程涵盖范围广泛。

基于财务活动与财务信息的生成和使用相联系，我们作了许多尝试，以一种简洁和有意义的方式，来描述确定的活动以及它们之间的联系。通过许多交互作用、讨论和咨询，我们突出了本报告所介绍的框架的活动要素。

对于每项研究，我们通过分离与财务活动如何实施相关的证据和结论，找出相关的驱动因素。部分地得到涵盖多项驱动因素的研究的帮助，每项研究的结论都得以组织成不同的主题。组织过程再次通过讨论、咨询、重新评估和重建，从而相互作用和发展。

## B.4 磋商

初始的框架和中期研究成果通过与领先的会计实务操作者和学术人员进行磋商得以测试。反馈结果导致引入更多的文献、对现有文献的重新评估和研究结论的交互重新解读。对实务操作者的咨询是由英格兰及威尔士特许会计师协会的高级技术人员、英格兰及威尔士特许会计师协会财务管理专业技术委员会的成员以及其他高级的会计职业人士进行的。对学术人员的咨询是由范围广泛的领先的学术人员进行的，且在伦敦经济学院和乔治敦大学等领先会计会议上做报告。

## B.5 局限

存在许多需要结合本报告的结论进行考虑的限制：

- 对实务操作者的研究通常由商业组织或专业组织来进行，以满足它们的特定目标，而不是增加一般知识。但是，考虑到财务部门和首席财务官是其关注的主要调查对象，这些组织有既定的利益，以确保它们的研究是可信的和有效的。
- 学术研究通常采取更公正的方法，其主要目标是不断更新知识、取得更深入的了解，实际的影响是次要考虑。财务部门整体和首席财务官的作用都不是会计研究的重点。但是，对于理解财务职能而言，有关管理会计师、管理控制和会计实务的研究确实提供了证据的相关来源。
- 框架的财务职能方面代表了一套复杂的相互关联的活动。调查过程中用来描述财务活动的术语范围是这种复杂性的一个指示器。为对这些活动进行分类，需要很高标准的诠释。
- 我们只使用英语语言的调查结论和文献。尽管有对来自各国受访者的广泛调查，主要是将以英语为母语的国家作为主要调查来源。
- 文献主要是从会计和组织行为领域中选择的。诸如战略和市场营销等学科，可能是额外见解的一种有用来源。
- 我们都知道，我们使用的文献来源于广泛的理论知识，并解释和突出了我们关注财务职能作用相关的结论。

# 参考书目

Abdel－Kader，M. 和 Luther，R.，“管理会计实务对公司特征的影响：基于英国的实证分析”，《英国会计评论》第 40 卷，2008，PP2－27

特许公认会计师协会，“通向高层的路径：财务职业的最佳实务领导力”，特许公认会计师协会，2008

特许公认会计师协会，“2020 年的财务职能”，伦敦：特许公认会计师协会，2008

埃森哲，“多极化世界中财务组织变化着的作用”，《埃森哲高业绩财务研究》，埃森哲，2008

埃森哲，“全球化：财务职能的挑战和机会”，埃森哲，2008

Aernoudts，R. H. R. M.，de Heer，M. A. 和 Van der Pijl，G. J.，“战略和管理会计系统的相互作用”，《第 6 届管理会计新方向会议上的论文》，布鲁塞尔 2008 年 12 月

Agrawal，S.，Mehra，S. 和 Siegel，P.，“成本管理体系：经营回顾”，《财务管理》第 24 卷第 1 期，1998，PP60－78

Ahrens，T.，“浅谈会计：英国和德国酿酒志的管理知识”，《会计、组织和社会》第 22 卷第 7 期，1997，PP617－637

Ahrens，T. 和 Chapman，C. S.，“英国和德国管理会计师的职业身份”，《欧洲会计评论》，第 9 卷第 4 期，2000，PP477－498

Ahrens，T. 和 Chapman，C. S.，“合法业绩计量和管理的结构：英国连锁餐厅会计责任的日常竞争”，《国际管理评论》，第 13 卷，2002，PP151－171

Ahrens，T. 和 Chapman，C. S.，“管理会计实务”，《会计、组织和社会》，第 32 卷，2007，PP1－27

Amason，A. C.，“区分战略决策间功能冲突的影响：解决高层管理团队的悖论”，《管理学会期刊》，第 39 卷第 1 期，1996，PP123－148

Ambler，T.，“市场营销指标”，《商业战略评论》，第 11 卷第 2 期，2000，PP59－66

Anderson，M. 和 Walker，S. P.，“人的所有分类和条件：英格兰及威尔士特许会计师协会创立者的社会起源”，《英国会计评论》，第 41 卷第 1 期，2009 年 3 月，PP31－45

Andon，P.，Baxter，J. 和 Chua，W. F.，“会计伴随关系而变化：业绩计量经验的实证研究”，《管理会计研究》，第 18 卷第 2 期，2007，PP273－308

Argyris，C.，“实现控制的两难境地：会计管理案例”，《会计、组织和社会》，第 15 卷第 6 期，1990，PP503－511

Armstrong，P.，“改变管理控制战略：会计和其他组织职业间竞争的作用”，《会计、组织和社会》，第 10 卷第 2 期，1985，PP129－148

Arthaud－Day，M. L.，Certo，S. T.，Dalton，C. M. 和 Dalton，D. R.，“岗位改变：经理和董事随着公司财务重述而轮岗”，《管理学术期刊》，第 49 卷第

6 期，2006，PP1119 – 1136

审计委员会，“世界级的财务管理：讨论稿”，Wetherby，审计委员会出版物，2005

Baldvinsdottir，G.，Burns，J.，Nørreklit，H. 和 Scapens，R. W.，“会计师的形象：从计数人到高端会计师”，《会计、审计和受托责任期刊》，第 22 卷第 6 期，2009，PP858 – 882

Baxter，J. 和 Chua，W. F.，“成为组织中的首席财务官：检验布迪厄的实务理论”，《管理会计研究》，第 19 卷，2008，PP212 – 230

Berry，T.，Sweeting，B.，Goto，J. 和 Taylor，M.，“中小企业中的财务管理实务”，《曼彻斯特城市大学商学院工作论文汇编》，2002 年 1 月和 2001 年 12 月，PP2 – 33

Bhimani · A，“现代成本管理：将组织推到组织面前”，《国际生产经济学杂志》，第 36 卷，1994，PP29 – 37

Bhimani，A. 和 Bromwich，M.，“管理会计：回顾与展望”，牛津：特许管理会计师公会，2010

比克公司、毕马威会计事务所，“管理全球财务职能”，伦敦：国际商业有限公司，1992

Booz Allen Hamilton，“风险托管：建立股东价值的下一个前沿”，美国，Booz Allen Hamilton，2006

Boyns，T. 和 Edwards，J. R.，“成本和管理会计在英国的发展”，Chapman，C. S.，Hopwood，A. G. 和 Shields M. D. 《管理会计研究手册》第 2 卷，牛津：爱思唯尔，2007，PP969 – 1034

Brewer，P. C.，“国家文化和作业成本系统：注解”，《管理会计研究》，第 9 卷，1998，PP241 – 260

Brignall，S.，“服务中的成本系统设计的或有理由”，《管理会计研究》，第 8 卷，1997，PP325 – 346

Bruce，R.，国际会计师联合会，财务和管理会计委员会，首席财务官，2010，“首席财务官在 2010 年的作用”，纽约：国际会计师联合会，2002

Bruggeman，W.，Bartholomeeusen，L. 和 Heene，A.，“管理控制系统如何影响服务业务的业绩”，《经营和生产管理国际期刊》，第 8 卷第 3 期，1988，P 宽限 6 – 85

Budde，A.，Child，J.，Francis，A. 和 Klieser，A.，“英国和西德公司中的公司目标、管理目标和组织结构”，《组织研究》，第 3 卷第 1 期，1982，PP1 – 32

Bunderson，J. S. 和 Sutcliffe，K. M.，“比较管理团队中功能多样化的不同概念：流程和业绩影响”，《管理学术期刊》，第 45 卷第 5 期，2002，PP875 – 893

Bunderson，J. S.，“管理团队成员的职业背景和对管理团队的参与：权力集中的不同影响和缓和作用”，《管理学术期刊》，第 46 卷第 4 期，2003，PP458 – 474

Burchell，S.，Clubb，C.，Hopwood，A. G.，Hughes，J. 和 Nahapiet，J.，“会计、组织和社会的作用”，《会计、组织和社会》，第 5 卷第 1 期，1980，PP5 – 27

Burns，J. 和 Baldvinsdottir，G.，“从组织视角看会计师的新作用：矛盾和实践”，《欧洲会计评论》，第 14 卷第 4 期，2005，PP725 – 757

Burns，J. 和 Scapens，R. W.，“概念化管理会计的变化：组织框架”，《管理会计研究》，第 11 卷，2000，PP3 - 25

Burns，J. 和 Scapens，R. W.，“管理会计变化的性质和新出现的复合型会计师”，国际会计师联合会，2000 年 11 月

Burrows，G.，Brown，C.，Thom，T.，King，J. 和 Frearson，J.，“飞机生产的实时成本管理”，《管理会计研究》，第 12 卷，2001，PP281 - 298

Busco，C.，Frigo，M. L.，Givannoni，E.，Riccaboni，A. 和 Scapens，R. W.，“通过业绩计量系统融合全球组织”，《战略规划》，2006 年第 1 期，PP31 - 35

Busco，C. and Riccaboni，A. 和 Scapens，R. W.，“信托会计”，《管理会计研究》，第 17 卷第 1 期，2006 年 3 月，P11 - 41

Busco，C.，Giovannoni，E. 和 Scapens，R. W.，“管理整合全球组织的张力：业绩管理系统的作用”，《管理会计研究》，第 19 卷，2008，PP103 - 125

Byrne，S. 和 Pierce，B.，“迈向管理会计师作用的更全面的理解”，《欧洲会计评论》，第 16 卷第 3 期，2007，PP469 - 498

Cadez，S. 和 Guilding，C.，“战略管理会计的整合或有模型的探索性调查”，《会计、组织和社会》，第 33 卷，2008，PP836 - 863

Caglio，A.，“企业资源计划系统和会计师：迈向综合化?”，《欧洲会计评论》，第 12 卷第 1 期，2003 年 5 月，PP123 - 153

Canella，A. A.，Jr.，Park，J - H. 和 Lee，H - U.，“市场管理团队职业背景的多样化和公司业绩：检验团队成员搭配和环境不确定性的作用”，《管理学术期刊》，第 51 卷第 4 期，2008，PP768 - 784

Cao，J.，Zhang，H. 和 Liao，Y.，“公司规模和公司雇用会计师数量之间的关系：中国深圳证券交易所 436 家上市公司的分析”，《现代会计和审计期刊》，第 1 卷第 7 期，2005，PP16 - 21

Capgemini，“3G 财务：下一代的融资职能”，凯捷，2007

Capgemini，“首席财务官 2008 年的议程”，《成功战略的特点》，巴黎：凯捷，2008

Carr，C. 和 Tomkins，C.，“战略决策过程中财务职能的环境、文化和作用：英国、德国、美国和日本的比较分析”，《管理会计研究》，第 9 卷第 2 期，1998 年 6 月，PP213 - 239

首席财务官研究服务，普华永道，“管理信息和业绩：首席财务官面临用于决策的对高质量数据的需求”，首席财务官出版公司，2007

首席财务官研究服务，ACCA，“首席财务官的新环境”，首席财务官出版公司，2009

首席财务官研究服务，“财务职能的演进”，首席财务官出版公司，2008

首席财务官研究服务，Booz Allen Hamilton，“激进的首席财务官：与战略而不只是经营保持一致”，首席财务官出版公司，2005

首席财务官研究服务，凯捷，安永会计师事务所，“21 世纪的财务转型”，波士顿：首席财务官出版公司，2002

首席财务官研究服务，SAP，“更新的财务职能：在财务之外拓展业绩管理”，首席财务官出版公司，2007

Chaganti，R. 和 Sambharya R.，“上层管理的战略导向和特征”，《战略管理杂志》，第 8 卷第 4 期，1987，PP393 - 401

Chandler，A. D.，“看得见的手：美国商业的管理革命”，波士顿：哈佛大学出版社，1977

Chanegrih, T., “采用管理会计变化的象征类：研究报告”，“管理会计研究”，第19卷第3期，2008，PP278－285

Chapman, C. S.，“会计或有观点的反映”，《会计、组织和社会》，第22卷第8期，1997，PP189－205

Chapman, C. S.，“组织网络中的会计师”，《会计、组织和社会》，第23卷第8期，1998，PP737－766

Chen, Y. 和 Chan, K. C.，“中国会计问题研究”，《中国经济》，第42卷第1期，2009，PP98－128

Chenhall, R. H.，“组织范围内的管理控制系统设计：以或有事项为基础进行研究的结论和未来的发展方向”，《会计、组织和社会》，第28卷第2－3期，2003，PP127－168

Chenhall, R. H.，“扁平化组织的会计：评论短文”，《会计、组织和社会》，第33卷，2008，PP517－550

Chenhall, R. H. 和 Langfield－Smith, K.，“战略重点、管理技术和管理会计间的联系：采用系统方法的实证调查”，《会计、组织和社会》，第23卷第3期，1998，PP243－264

Chenhall, R. H. 和 Langfield－Smith, K.，“管理会计实务的采用和优点：澳大利亚的研究”，《管理会计研究》，第9卷，1998，PP1－19

Child, J.，“预测并理解组织结构”，《管理科学季刊》，第18卷第2期，1973，PP168－185

Chong, V.，“管理会计系统、任务不确定性和管理业绩：研究报告”，《会计、组织和社会》，第21卷第5期，1996，PP415－421

Chow, C. W., Shields, M. D. 和 Wu, A.，“国家文化在跨国经营活动中管理控制的设计和偏好的重要性”，《会计、组织和社会》，第24卷第5期，1999，PP441－461

Chow, C. W., Duh, R－R. 和 Xiao, J. Z.，“中国的管理会计实务”，《管理会计研究手册》，查普曼·C·S，希尔兹·A·G合编，第2卷，牛津：爱思唯尔，2007，PP941－967

特许管理会计师公会，“改进组织决策：财务转换的机会”，伦敦：特许管理会计师公会，2008

特许管理会计师公会，“今天和明天的管理会计工具”，伦敦：特许管理会计师公会，2009

特许管理会计师公会，“改进组织决策：重塑金融业务伙伴关系的机会”，伦敦：特许管理会计师公会，2009

特许管理会计师公会，“财务转换：价值创造的演进”，伦敦：特许管理会计师公会，2010

特许管理会计师公会，“无边界世界的会计趋势”，伦敦：特许管理会计师公会，2010

公共财务与会计特许协会，“公共服务组织中首席财务官的作用”，伦敦：公共财务与会计特许协会，2009

Cohen, L., Finn, R., Wilkinson, A. 和 Arnold, J.，“职业工作和管理”，《管理和组织的国际研究》，第32卷第2期，2002夏天，PP3－24

Colignon, R. A. 和 Covaleski, M.，“会计实务和组织决策”，《社会学季刊》，第34卷第2期，1993年5月，PP299－317

Collier, P.，“相关会计的构建和企业家控制”，《管理会计评论》，第16

卷，2005，PP321－339

Colwyn Jones，T. 和 Dugdale，D.，“作业成本潮流和现代核心”，《会计、组织和社会》，第27卷，2002，PP121－163

Coombs，R.，Knights，D. 和 Willmott，H. C.，“文化、控制和竞争：迈向组织中信息技术研究的概念框架”，《组织研究》，第13卷第1期，1992，PP51－67

Cooper，C. 和 Taylor，P.，“从泰勒主义到泰勒女士：会计流程的转换”，《会计、组织和社会》，第25卷，2000，PP555－578

Cooper，R.，“管理会计变化的实务”，《管理会计》，1996年3月，PP26－53

Cooper，R. 和 Kaplan，R. S.，“整合成本系统的诺言和危险”，《哈佛商业评论》，第76卷第4期，1998，PP109－120

Davila，A. 和 Foster，G.，“管理会计系统采用决策：来自早期公司的证据和业绩含义”，《会计评论》，第80卷第4期，2005，PP1039－1068

Davila，A.，“管理控制系统出现的探索性研究：小型成长公司中的人力资源的规范化”，《会计、组织和社会》，第30卷，2005，PP223－48

Davis，S. and Albright，T.，“变化的组织结构和管理会计师的个人责任：案例研究”，《管理问题期刊》，第12卷第4期，2000，PP446－468

De Geuser，F.，Mooraj，S. 和 Oyon，D.，“平衡计分卡能够增值吗？对业绩影响的实证证据”，《欧洲会计评论》，第18卷第1期，2009年5月，PP93－122

Dearden，J.，“计量利润中心经理”，《哈佛商业评论》，第65卷第5期，1987，PP84－89

Dechow，N. 和 Mouritsen，J.，“人力资源计划系统、管理控制和要求整合”，《会计、组织和社会》，第30卷，2005，PP691－733

德勤会计师事务所，“财务转型：构建风险智能财务职能，反思首席财务官的作用”，德勤会计师事务所，2007

德勤会计师事务所，“财务智力挑战：领先的首席财务官如何承担责任”，德勤会计师事务所，2007

德勤会计师事务所，“财务大师：作为业务转型的核心，财务如何安静的出现”，德勤会计师事务所，2008

德勤会计师事务所，Hussey，R. 和 Sowinska，M.，“今天的财务经理”，伦敦，德勤，2000

Demirag，I. S.，“日本公司中的管理控制系统和业绩评价：英国视角”，《管理会计》，第72卷第7期，1994，PP18－22

Demirag，I. S.，“评估英国公司中集团财务经理的短期知识”，《英国会计评论》，第27卷，1995，PP247－281

德意志银行，Servaes，H. 和 Tufano，P.，“首席财务官对财务职能的作用和实施的看法”，伦敦：德意志银行，2006

DiMaggio，P. J. 和 Powell，W. W.，“铁笼再访：组织范围内的制度同构和集体理性”，《美国社会评论》，第48卷第2期，1983年4月，PP147－160

Directorbank 集团，Grant Thornton，“什么成就了杰出的财务经理?”，Directorbank 集团，Grant Thornton，2010

Dossi，A. 和 Patelli，L.，“业绩计量系统在总部和子公司关系间影响决策的使用”，《管理会计评论》，第19卷第2期，2008，PP126－148

Drucker, P. F.,“制造业的新兴理论”,《哈佛商业评论》, 1990 年 5 月和 6 月, PP94 - 102

Drury, C. 和 Tayles, M.,“管理会计实务调查发现的问题”,《管理会计研究》,第 6 卷, 1995, PP267 - 280

Drury, C. 和 Tayles, M.,“财务会计思想讨论的证据:研究报告”,《英国会计评论》,第 29 卷第 3 期, 1997, PP263 - 276

经济学人信息社, Arthur Andersen,“财务进化的作用,指明了未来的战略方向”,纽约,《经济学人信息部》, 1997

经济学人信息社,毕马威会计事务所,“成为最好的:来自领先财务职能的视角”,英国。毕马威会计事务所, 2006

Turney, P. B. B. 和 Anderson, B.,“持续改进的会计”,《斯隆管理评论》,第 30 卷第 2 期, 1989, PP37 - 47

安永会计师事务所,“世界一流的财务:下一步在哪里?”,伦敦:安永会计师事务所, 2003

安永会计师事务所,“财务管理网站调查:访问结果”,安永会计师事务所, 2006

安永会计师事务所,“首席财务官下一步做什么?雄心在何处与现实相汇”,安永会计师事务所, 2008

安永会计师事务所,“财务主管变化的作用:研究报告”,安永会计师事务所, 2008

安永会计师事务所,“首席财务官的 DNA:什么成就首席财务官的研究”,安永会计师事务所, 2010

Euske, K. J., Lebas, M. J. 和 McNair, C. J.,“国际环境中的业绩管理”,《管理会计研究》,第 4 卷, 1993, PP275 - 299

Euske, K. J. 和 Riccaboni, A.,“盈利稳定性:满足相互依存的关系以适应新的环境”,《会计、组织和社会》,第 24 卷第 5 - 6 期, 1999, PP463 - 481

Ewert, R. 和 Wagenhofer, A. E.,“德国的管理会计理论和实务:讲德语的国家”,《管理会计研究手册》, Chapman, C. S., Hopwood, A. G. 和 Shields M. D. 合编,第 2 卷,牛津:爱思唯尔, 2007, PP1035 - 1069

Ezzamel, M. 和 Burns, J.,“职业竞争、经济增加值和管理控制战略”,《组织研究》,第 26 卷, 2005, PP755 - 777

Ezzamel, M., Lilley, S. 和 Willmott, H.,“会计管理和管理会计:英国最新变化的反映”,《管理研究期刊》,第 34 卷第 3 期, 1997, PP439 - 463

Ezzamel, M., Lilley, S. 和 Willmott, H.,“会计列报和商业救助之路”,《会计、组织和社会》,第 29 卷, 2004, PP783 - 813

加拿大财务经理协会,“首席财务官在今天和以后的作用”,多伦多,加拿大财务经理协会, 2005

Fernandez - Revuelta, P. L. 和 Robson, K.,“研究仪式合法化,去耦和预算过程:管理跨国公司中的组织伪善”,《管理会计评论》,第 10 卷第 4 期, 1999 年 12 月, PP383 - 407

Ferreira, A. 和 Otley, D.,“业绩管理系统的设计和使用:扩展的分析框架”,《管理会计评论》,第 20 卷第 4 期, 2009, PP263 - 282

Finkelstein, S.,“高层管理团队的权力:范围、计量和有效性”,《管理学术期刊》,第 35 卷第 3 期, 1992, PP505 - 538

Fleischman, R. K. 和 Parker, L. D.,“英国工业化进程中早期的管理会计:

卡伦公司的案例研究”，《会计和商业研究》，第 20 卷，1990，PP211

Flìgstein，N.，“组织内的权力斗争：大型组织中财务人员上升到高层领导力”，《美国社会学评论》，第 52 卷第 1 期，1987 年 2 月，PP44 - 58

Fligstein，N.，“股东价值意识形态结束了吗?”，加州大学伯克利分校：劳动和就业研究的研究所，来自 http：//escholarship. org/uc/item/93q4g399，2004

Fligstein，N. 和 Feeland，R.，“关于公司组织的理论和比较视角”，《社会学年度评论》，第 21 卷，1995，PP21 - 43

Fogarty，T. J.，Radcliffe，V. S. 和 Campbell，D. R.，“秋天前的会计学：AICPA 的视角项目和相关的专业公司”，《会计、组织和社会》，第 31 卷，2006，PP1 - 25

Friedman，A. L. 和 Lyne，S. R.，“作业成本技术和计数者的死亡”，《欧洲会计评论》，第 6 卷第 1 期，1997，PP19 - 44

Froud，J.，Haslam，C.，Johal，S. 和 Williams，K.，“股东价值和金融化：咨询承诺和管理动向”，《经济和社会》，第 29 卷第 1 期，2000，PP80 - 110

Fullerton，R. R. 和 Kennedy，F. A.，“会计和简洁战略：简洁会计使用和影响的实证分析”，第 6 届管理会计新方向会议上提交的论文，布鲁塞尔，2008

Gerdin，J.，“生产部门中的管理会计系统设计：采用多重或有方法进行的实证调查”，《会计、组织和社会》，第 30 卷，2005，PP99 - 126

Gerstner Jr.，Louis，V. 和 Anderson，M. H.，“作为激进分子的首席财务官”，《哈佛商业评论》，第 54 卷第 5 期，1976 年 9 月，PP100 - 106

Gillett，P. R. 和 Uddin，N.，“首席财务官欺诈财务报告的意图”，《审计》，第 24 卷第 1 期，2005 年 5 月，PP55 - 75

Goold，M. 和 Quinn，J.，“战略控制的两难境地”，《战略管理期刊》，第 11 卷第 1 期，1990，PP43 - 57

Grabski，S.，Leech，S. 和 Sangster，A.，“管理会计师：被企业资源计划系统重大改变的职业”，《CIMA 研究执行经理概述系列》，第 4 卷，第 5 个问题，2008

Granlund，M.，“迈向解释管理会计系统及其周边的稳定性”，《管理会计研究》，第 12 卷，2001，PP141 - 166

Granlund，M. 和 Lukka，K.，“它是管理会计实务中的一个小世界”，《管理会计研究期刊》，第 10 卷，1998，PP153 - 179

Granlund，M. 和 Malmi，T.，“企业资源计划系统对管理会计的适度影响：滞后或永久性的结果?”，《管理会计研究》，第 13 卷第 3 期，2002，PP299 - 321

Greenhalgh，R.，“信息和转换中的中小企业控制者”，《管理会计研究》，第 11 卷，2000，PP413 - 426

Grinyer，J.，Russell，A. 和 Collison，D.，“英国管理短期化的证据”，《英国管理期刊》，第 9 卷，1998，PP13 - 22

Gurd，B.，Smith，M. 和 Swaffer，A.，“影响会计滞后的因素：对全面质量管理反应的解释性研究”，《英国会计评论》，第 34 卷第 3 期，2002，PP205 - 221

Hall，M.，“会计信息和管理工作”，《会计、组织和社会》，第 35 卷第 3 期，2010，PP301 - 315

Hambrick，D.，“高层管理团队中的环境、战略和权力”，《管理科学季

刊》，第26卷，1981，PP253 -276

Harding，S. R.，“提高生产率”，《财务职能》，伦敦：ICAEW，1963

Helden，G. J. v.，Meer - Kooistra，J. v. d. 和 Scapens，R. W.，“霍高文钢铁公司内部交易的协调：在业绩导向业务单元和整合公司概念间张力的争斗”，《管理会计研究》，第12卷第3期，2001，PP357 -386

Henri，J - F.，“组织文化和业绩计量系统”，《会计、组织和社会》，第31卷，2006，PP77 -103

Henri，J - F.，“管理控制系统和战略：以资源为基础的观点”，《会计、组织和社会》，第31卷，2006，PP529 -558

Hines，R. D.，“财务会计：沟通现实且创造现实”，《会计、组织和社会》，第13卷第3期，1988，PP251 -261

Hitt，M. A.，Ireland，R. D. 和 Stadter，G.，“职能重要性和公司业绩：宏伟战略和行业类型的适度影响”，《战略管理期刊》，第3卷第4期，1982年10月和11月，PP315 -330

Hoffjan，A.，“会计师在德语体系中的形象”，《会计和公众利益》，第4卷，2004，PP62 -89

Hoffjan，A.，Nevries，P，Stienemann，R，“比较管理会计：日耳曼语和英语国家中管理会计的异同点的文献回顾”，第5届管理会计新方向会议上提交的论文，布鲁塞尔，2006

Hopper，T. M.，“管理会计是集权还是分权?”，《管理会计》，1980年12月，PP36 -39

Hopper，T. M.，“管理会计师及其在组织结构范围内地位的角色冲突”，《会计、组织和社会》，第5卷第4期，1980，PP401 -411

Hopwood，A. G.，“会计系统的考古学”，《会计、组织和社会》，第12卷第3期，1987，PP207 -234

Horngren，C. T.，“本世纪及之后的管理会计”，《管理会计研究》，第6卷，1995，PP281 -286

Houghton，S. M. 和 Neubaum，D. O.，“经理真的有选择性视角吗?”，《管理学会最佳论文》，1994，PP367 -371

Hussain，M.，Gunasekaran，A. 和 Laitinen，E. K.，“芬兰服务公司中的管理会计系统”，《恢复活力》，第18卷第1期，1998，PP57 -67

Hyvönen，J.，“公司的战略、业绩计量技术和信息技术及其与组织业绩的联系”，《管理会计研究》，第18卷，2007，PP343 -366

IBM，“首席财务官调查：目前的状况和未来的发展方向”，纽约：IBM全球服务中心，2003

IBM，“敏捷的首席财务官：根据业务理解而采取行动”，纽约：IBM全球服务中心，2005

IBM，“在整合的财务公司一起平衡风险和业绩”，纽约：IBM全球服务中心，2008

IBM，“新价值集成：来自全球首席财务官调查的结论”，新罕布什尔州：IBM全球服务中心，2010

英格兰及威尔士特许会计师协会，“财务经理变化的角色”，伦敦：英格兰及威尔士特许会计师协会，1993

英格兰及威尔士特许会计师协会，“董事会职责和价值创造”，伦敦：英格兰及威尔士特许会计师协会，2006

英格兰及威尔士特许会计师协会，“职业标杆调查2010：商业”，伦敦：英格兰及威尔士特许会计师协会，2010

英格兰及威尔士特许会计师协会，“在组织中灌输正直”，伦敦：英格兰及威尔士特许会计师协会，2011

管理会计师协会，“重新设计财务职能”，新泽西：管理会计师协会，1997

管理会计师协会，“管理会计的声明草案”，《战略财务》，2008 年 8 月

Indjejikian，R 和 Matejka，M.，“首席财务官的受托责任和年度资金激励”，《会计研究期刊》，第 47 卷第 4 期，2009，PP1061 - 1093

国际会计师联合会职业会计师商业委员会，“职业会计师在商业中的作用和管辖范围”，国际会计师联合会职业会计师商业委员会，2005

国际会计师联合会职业会计师商业委员会，“职业会计师在中小企业经营中的重要作用”，国际会计师联合会职业会计师商业委员会，2008

Jackson，C.，“财务经理的未来”，伦敦：ICAEW 财务管理专业委员会，2004

Järvenpää，M，“构建商业伙伴：管理会计文化如何变动的案例研究”，《欧洲会计评论 16》，第 5 卷第 1 期，2007，PP99 - 142

Järvenpää，M，和 Hopper，T. M.，“世界一流生产领域的管理会计：案例研究”，《管理会计研究》，第 10 卷第 3 期，1999，PP263 - 301

Johnson，H. T. 和 Kaplan，R. S.，“相关性缺失：管理会计的盛衰荣辱”，波士顿：哈佛商学院出版社，1987

Johnson，H. T.，“重新获取相关性：从自上而下的控制到自下而上的许可”，纽约：自由出版社，1992

Jones，C. S.，“管理会计系统在并购活动中作用的实证研究”，《会计、组织和社会》，第 10 卷第 2 期，1985，PP177 - 200

Joseph，G.，“从结构理论框架角度理解管理信息价值链的发展”，《国际会计信息系统期刊》，第 7 卷，2006，PP319 - 341

Kerr，S.，“在奖励愚蠢的 A 时，同时希望得到 B”，《管理经理人学会》，第 9 卷第 1 期，1995，PP7 - 14

Kilfoyle，E.，Richardson，A. J. 和 MacDonald，L.，“应急的、属地化的、创新的、非规范化的会计系统：法理分析”，在关于会计的跨学科视角会议上提交的论文，因斯布鲁克，2009 年 7 月，PP2 - 27

毕马威会计事务所，“未来的财务：商业使用者的指南”，伦敦：毕马威会计事务所，1998

毕马威会计事务所，“未来的财务：展望 2020”，英国：毕马威会计事务所，2008

毕马威会计事务所，“作最好的：繁荣昌盛而不是生存下来”，毕马威国际会计事务所，2009

毕马威会计事务所，澳大利亚特许会计师协会，“未来的首席财务官：澳大利亚”，澳大利亚特许会计师协会，1998

毕马威会计事务所，澳大利亚特许会计师协会，“未来的新首席财务官：21 世纪的财务职能”，澳大利亚：毕马威会计事务所，2001

毕马威会计事务所，澳大利亚特许会计师协会，“未来的首席财务官：澳大利亚”，毕马威会计事务所，2007

Kulmala，H. I.，Paranko，J. 和 Uusi - Rauva，E.，“成本管理在网络关系中的作用”，《生产经济学国际期刊》，第 79 卷第 1 期，2002，PP33 - 43

Lambert, A. , “人力资源职业和其他支持功能”, 《职业人研究论坛》, 2002 年 4 月

Landsberger, H. A. , “官僚主义中的横向范围”, 《管理科学季刊》, 第 6 卷第 3 期, 1961, PP299 - 332

Langfield - Smith, K. , “管理控制系统和战略: 批评观点”, 《会计、组织和社会》, 第 22 卷第 2 期, 1997, PP207 - 232

Lascu, D - N. , Manrai, L. A. , Manrai, A. K. 和 Kleczek, R. , “职能间的动力和公司业绩: 波兰公司和美国公司的比较”, 《国际商业评论》, 第 15 卷第 6 期, 2006, PP641 - 659

Lillis, A. , “生产业绩的多角度管理: 解释性研究”, 《会计、组织和社会》, 第 27 卷, 2002, PP497 - 529

Lindsay, H. , “首席财务官如何适应今天的现实”, 多伦多: 加拿大特许会计师协会, 2007

Loft, A. , “会计的核心理解: 英国 1914 年到 1925 年的成本会计案例”, 《会计、组织和社会》, 第 11 卷第 2 期, 1986, PP137 - 169

Lowry, J. , “管理会计消失的后工业相关性: 约翰逊和卡普兰重返”, 《会计和商业研究》, 第 23 卷第 90 期, 1993, PP169 - 180

Maas, V. S. 和 Matejka, M. , “平衡业务单元主管的双重职责: 实地和调查证据”, 《会计评论》, 第 84 卷第 4 期, 2009, PP1233 - 1254

Macintosh, N. , Shearer, T. , Thornton, D. 和 Welker, M. , “作为模拟物和超现实的会计: 收益和资本视角”, 《会计、组织和社会》, 第 25 卷, 2000, PP13 - 50

Malmi, T. , “解释作业成本会计的失败: 分权化组织中的会计和控制”, 《管理会计研究》, 第 8 卷, 1997, PP459 - 480

Malmi, T. 和 Ikaheimo, S. “价值管理实践实证研究” 管理会计研究, 第 14 卷, 2003, pp235 - 254

Mattessich, R. , “会计列报和现实的洋葱模型: 鲍德里亚模拟物和超现实顺序的比较”, 《会计、组织和社会》, 第 28 卷, 2003, PP443 - 470

Matthews, D. , Anderson, M. 和 Edwards, J. R. , “行业教士: 英国管理职业会计师的崛起”, 牛津: 牛津大学出版社, 1998

McKernan, J. F. , “会计的客观性”, 《会计、组织和社会》, 第 32 卷第 1 - 2 期, 2007, PP155 - 180

麦肯锡, “财务职能如何变化”, 《麦肯锡季刊》, 2009 年 4 月

McSweeney, B. , “展望过去”, 《会计、组织和社会》, 第 25 卷, 2000, PP767 - 786

Melone, N. P. , “执行组合的推理: 公司经理在决策过程中的以角色或经验为基础的专长的影响”, 《组织科学》, 第 5 卷第 3 期, 1994 年 8 月, PP438 - 455

Mercer 和 Russell Reynolds Associates, “首席财务官如何管理角色和期望的变化”, 默瑟和罗素雷诺兹协会, 2006

Merchant, K. A. , Van der Stede, W. A. , 和 Zheng, L. “基本于知识进步基础上的纪律激励系统: 一个组织激励系统案例”, 《组织与社会》, 第 28 卷, 第 2 - 3 期, 2003 年, pp251 - 286

Meyer, M. , “反思业绩计量”, 剑桥: 剑桥大学出版社, 2002

Mian, S. , “首席财务官的选择和更换”, 《财务经济学期刊》, 第 60 卷,

2001，PP143－175

Miller，P. 和 O'Leary，T.，“会计和公理人员的构建”，《会计、组织和社会》，第 12 卷第 3 期，1987，PP235－265

Miller，P.，“会计利润”，《欧洲会计评论》，第 7 卷第 4 期，1998 年 12 月，PP605－621

Miller，P.，Kurunmaki，L. 和 O'Leary，T.，“会计、混合和风险管理”，《会计、组织和社会》，第 33 卷，2008，PP942－967

Moore，L.，“经济现实和底线神话”，《会计地平线》，第 23 卷第 3 期，2009，PP327－340

Moores，K. 和 Yuen，S.，“管理会计系统和组织配置：生命周期视角”，《会计、组织和社会》，第 26 卷，2001，PP351－389

Morgan，G.，“作为现实构造的会计：迈向会计实务的新认识论”，《会计、组织和社会》，第 13 卷第 5 期，1988，PP477－485

Mouck，T.，“组织现实、财务报告和游戏规则”，《会计、组织和社会》，第 29 卷，2004，PP525－541

Napier，C. J.，“变化的会计：历史会计研究的 30 年”，《会计、组织和社会 31》，第 4－5 期，2006 年 7 月，PP445－507

Naranjo－Gil，D. 和 Hartmann，F.，“管理会计系统、高层管理团队异质性和战略变动”，《会计、组织和社会》，第 32 卷第 7 期，2007，PP735－756

Neely，A.，Sutcliff，M. 和 Heynes，H.，“通过战略规划和预算驱动价值”，伦敦：埃森哲，2001

Nevries，P.，Langfield－Smith，K. 和 Sill，F.，“管理会计部门是成功的吗？来自德国的证据”，第 6 届管理会计新方向会议上提交的论文，布鲁塞尔：2008

Nilsson，F. 和 Rapp，B.，“实施业务单元战略：管理控制系统的作用”，《斯堪的纳维亚管理杂志》，第 15 卷第 1 期，1999，PP65－88

Nor－Aziah，A. K. 和 Scapens，R. W.，“公司和会计变化，会计和会计师在马来西亚公用事业中的作用”，《管理会计研究》，第 18 卷，2007，PP209－247

O'Donnell，D.，Bontis，N.，O'Regan，P.，Kennedy，T.，Cleary，P. 和 Hannigan，A.，“电子商务中的首席财务官：电子商务的建筑师还是步兵？”《知识和流程管理》，第 11 卷第 2 期，2004，PP105－116

甲骨文，“财务职能的未来？用来激发讨论和反馈的讨论草案”，甲骨文，2008

甲骨文，“真理的一个版本的神话”，《甲骨文思想领导力白皮书》，加利福尼亚州：甲骨文公司，2008

Otley，D.，“业绩管理：管理控制系统的框架”，《管理会计研究》，第 10 卷，1999，PP363－382

Pfeffer，J. 和 Sutton，R. I.，“铁一般的事实，危险的半真半假和完全的无意义：以证据为基础的管理产生的利润（示例版）”，哈佛商学院出版社，2006

Phelan，S. E.，“揭开财务分析秘密的假象”，《管理会计》，第 35 卷第 2 期，1997，PP163－168

Phillips，G. 和 Ross，J.，“财务职能的未来结构”，《管理会计》，第 74 卷第 8 期，1996 年 9 月，PP30－32

Pierce，B. 和 O'Dea，T.，“管理会计信息和管理者的需求，管理者和会计

师的比较观点”，《英国会计评论》，第 35 卷，2003，PP257 - 290

Priddy，S.，“计数屋的外面：会计未来”，《会计时代》，2010 年 6 月 17 日

职业监督委员会，“会计职业的主要事实和趋势”，伦敦：财务报告理事会，2006

普华永道会计师事务所，“天才和财务职能，挤进复杂性”，普华永道会计师事务所，2008

Quattrone，P. 和 Hopper，T. M.，“时间与空间的奥德赛：跨国组织中的管理控制系统”，《会计、组织和社会》，第 30 卷，2005，PP735 - 764

Radcliffe，V.，Campbell，D. 和 Fogarty，T.，“探索精简：会计信息使用的案例研究”，《管理会计研究期刊》，第 13 卷，2001，PP132 - 157

Robbins，S. 和 Foster，E.，Jr.，“利润规划和财务职能”，《财务期刊》，第 12 卷第 4 期，1957 年 12 月，PP451 - 467

Ruekert，R. W. 和 Walker，O. C. Jr.，“市场营销与其他功能单元的相互作用：概念框架和实证证据”，《市场营销期刊》，第 51 卷第 1 期，1987，PP1 - 19

Sathe，V.，“财务主管在管理中的作用”，《组织动力学》，1983 年冬季，PP31 - 48

Sawyers，A.，“五张卡片的把戏：今天的财务职能能够看到什么”，www.financialdirector.co.uk，2008

Scapens，R. W.，Ezzamel，M.，Burns，J. 和 Baldvinsdottir，G.，“英国管理会计实务的未来方向”，爱思唯尔，CIMA，伦敦：2003

Scapens，R. W. 和 Jazayeri，M.，“企业资源计划系统和管理会计变化：机会还是冲击?”，《欧洲会计评论》，第 12 卷第 1 期，2003，PP201 - 233

Sheriden，T.，“财务职能变化的状态”，《管理会计》，第 76 卷第 2 期，1998 年 2 月，PP18 - 20

Siegel，G.，Sorensen，J. E. 和 Richtermeyer，S. B.，“成为业务伙伴”，《战略财务》，第 85 卷第 4 期，2003 年 10 月，PP37 - 41

Simon，H. A.，Kozmetsky，G.，Guetzkov，H. 和 Tyndall，G.，“组织财务主管部门的扁平化还是集权化：研究文献和报告”，纽约：财务主管基金会，1954

Simons，R.，“控制工具”，波士顿：哈佛商学院出版社，1995

Smith，P，“不确定世界中的管理会计、利润和营运之间的关系：文献和实务的证据”，克兰菲尔德大学，未出版的博士论文，2007

Snow，C. C. 和 Hrebiniak，L. G.，“战略、独特技能和组织业绩”，《管理科学季刊》，第 25 卷，1980，PP317 - 336

Sorensen，J. E.，“美国的管理会计师：实务操作者和最近发展的学术观点”,，《管理会计研究手册》，Chapman，C. S.，Hopwood，A. G. 和 Shields M. D. 合编，第 3 卷，2009，牛津：爱思唯尔，PP1271 - 1296

Spada，“今天的英国职业：部门状况”，www.spada.co.uk，2009

Spekle，R. F.，“解释管理控制结构的差异性：交易成本的经济学视角”，《会计、组织和社会》，第 26 卷，2001，PP419 - 441

Turney，P. B. B. 和 Anderson，B.，“会计的持续改进”，《斯隆管理评论》，第 30 卷第 2 期，1989，PP37 - 47

Vámosi，T，“持续性和变化：转换过程中的管理会计”，《管理会计研究》，第 11 卷，2000，PP27 - 63

Vasiliou, D. 和 Daskalakis, N.，“组织特征和资本结构：国家间的比较”，《全球财务期刊》，第 19 卷第 3 期，2009，PP286 - 306

Waggoner, D. B.，Neely, A. 和 Kennerley, M.，“影响组织业绩计量系统的力量：跨学科间的审视”，《生产经济学国际期刊》，第 60 - 61 卷，1999，PP53 - 60

Walsh, E. J. 和 Stewart, R. E.，“会计和组织构建：工厂案例”，《会计、组织和社会》，第 18 卷第 7 - 8 期，1993，PP783 - 800

Weston, F.，“财务职能”，《财务期刊》，第 9 卷第 3 期，1954 年 9 月

Whitley, R.，“公司、机构和管理控制：协调和控制系统的比较分析”，《会计、组织和社会》，第 24 卷，1999，PP507 - 524

Whittington, R. 和 Whipp, R.，“专业思想和营销实施”，《欧洲市场营销期刊》，第 26 卷第 1 期，1990，PP52 - 63

Widener, S. K.，“控制框架水平的实证分析”，《会计、组织和社会》，第 32 卷，2007，PP757 - 788

Wouters, M. 和 Verdaasdonk, P.，“以事前会计信息支持管理决策”，《欧洲管理期刊》，第 20 卷第 1 期，2002，PP82 - 94

Yang, S.，“官僚主义对高业绩：二十世纪 90 年代的工作重组”，《社会经济学期刊》，第 37 卷第 5 期，2008，PP1825 - 1845

Zambon, S. 和 Zan, L.，“会计相对论：收益计量和公司理论间的不稳定关系”，《会计、组织和社会》，第 25 卷，2000，PP799 - 822

Zimmerman, J. L.，“关于实证管理会计研究的猜想”，《会计和经济期刊》，第 32 卷，2001，PP411 - 427

Zoni, L. 和 Merchant, K. A.，“财务主管对管理的投资：意大利大型公司的实证研究”，《会计和组织变化期刊》，第 3 卷第 1 期，2007，PP29 - 43

Zorn, D. M.，“这是个关键：美国公司中首席财务官的崛起”，《美国社会学评论》，第 69 卷第 3 期，2004 年 6 月，PP345 - 364

英格兰及威尔士特许会计师协会是全球会计联盟的创始成员之一，代表着超过165个国家中的775000名职业会计师，共同致力于提供高品质服务，共享信息资源，在国际重大问题方面开展合作。

英格兰及威尔士特许会计师协会是一家职业会员组织，在世界范围内有136000名特许会计师，我们以技术性知识、技能和专业特长为全球会计行业和财务职业提供观点和领导力方面的支持。

英格兰及威尔士特许会计师协会会员以最高的职业、技术和道德标准提供财务知识和指南。我们希望携手个人、组织、和社会，共同成就长期可持续的经济价值。

因为我们，人们能够充满信心地从事商业活动。

英格兰及威尔士特许会计师协会
特许会计师大楼 电话 +44（0）2079208100
摩基特大厦 传真 +44（0）2079206009
伦敦 EC2R 6EA 英国 电子邮件 frfac@ icaew. com